寻求特色发展
提升办学品味

叶荣森 / 著

 吉林教育出版社

图书在版编目（CIP）数据

寻求特色发展　提升办学品味 / 叶荣森著. — 长春：
吉林教育出版社，2021.10
ISBN 978-7-5734-0164-9

Ⅰ.①寻… Ⅱ.①叶… Ⅲ.①学校管理—研究 Ⅳ.
①G47

中国版本图书馆CIP数据核字（2021）第195794号

寻求特色发展　提升办学品味　　　　　　　　　　　　　　　叶荣森　著

责任编辑　贾　滢　　　　　　　　　　　　　　**装帧设计**　言之凿

出版　吉林教育出版社（长春市同志街1991号　　　邮编　130021）
发行　吉林教育出版社
印刷　北京政采印刷服务有限公司

开本　787毫米×1092毫米　1/16　**印张**　14　　**字数**　252千字
版次　2022年4月第1版　　**印次**　2022年4月第1次印刷
书号　ISBN 978-7-5734-0164-9
定价　45.00元

学校特色发展是学校改进的一种基本策略，是学校根据对内部实际情况和外部环境变化的适应，对区域、学校资源进行挖掘或重组利用，使学校形成特定领域独特风格或优势的过程。它以学校质量改进为根本目的，以特色课程体系为核心支撑，以校园文化为价值前提和沉淀形式，以组织管理为基本保障。学校特色发展是促进学校质量改进的支点，是深化课程改革和促进学生个性发展的路径，是推进教育内涵式均衡发展的新方向，也是学校适应世界基础教育改革潮流的诉求。

基于此，笔者撰写《寻求特色发展　提升办学品味》一书。全书在内容安排上共设置六章：第一章分析特色学校的内涵及其形成过程，主要包括特色学校的由来、内涵与特征，"学校特色"与"特色学校"辨析，创建特色学校的必要性分析，特色学校形成与发展的过程，特色学校的要素、类型与模式；第二、三、四、五章基于课程改革、家校合作、校园文化和科技创新四个不同方向探讨促进学校特色发展的方式；第六章探索学校发展由特色到品牌路径，内容囊括学校个性基因的认识、学校优势未来的设计、学校卓越品牌的建设。

全书集思想性、科学性、知识性、实用性于一体，并具有知识面宽、信息量大、针对性强、应用面广的特点。

笔者在撰写本书的过程中，得到了许多专家学者的帮助和指导，在此表示诚挚的谢意。由于笔者水平有限，加之时间仓促，书中所涉及的内容难免有疏漏之处，希望各位读者多提宝贵意见，以便笔者进一步修改，使之更加完善。

目录

第四章
校园文化促进学校特色发展

第五章
科技创新促进学校特色发展

第六章
学校发展由特色到品牌路径探索

第一章 1

特色学校的内涵及
其形成过程

第一节　特色学校的由来、内涵与特征

一、特色学校概念的由来

20世纪70年代以来，许多国家纷纷进行特色化、多样化的教育改革，特色学校建设就是其中之一。例如，英国的专门学校（specialist school）、灯塔学校（beacon school），美国的蓝带学校（blueribbon school）、特许学校（charter school）、磁石学校（magnet school）等。在国内，"特色学校"概念最初零散地出现在20世纪80年代初期。"特色学校"一词在我国官方正式文件中出现的时间并不长。

1993年，中共中央、国务院颁布的《中国教育改革和发展纲要》中首次将学校发展与特色联系起来。《中国教育改革和发展纲要》指出："中小学要由'应试教育'转向全面提高民族素质的轨道，面向全体学生，全面提高学生的思想道德、文化科学、劳动技能和身体心理素质，促进学生生动活泼地发展，办出各自的特色。"

1999年，中共中央、国务院颁发的《关于深化教育改革全面推进素质教育的决定》指出："实施素质教育应当贯穿于幼儿教育、中小学教育、职业教育、成人教育、高等教育等各级各类教育，应当贯穿于学校教育、家庭教育和社会教育等各个方面。在不同阶段和不同方面应当有不同的内容和重点，相互配合，全面推进。在不同地区还应体现地区特点，尤其是少数民族地区的特点。"这就进一步强调素质教育在不同阶段、不同方面、不同地区有不同特点，无疑对学校的特色建设提出了明确要求。

2010年，中共中央、国务院出台的《国家中长期教育改革和发展规划纲要（2010—2020年）》再次强调了特色学校的建设，明确提出："树立以提高质量为核心的教育发展观，注重教育内涵发展，鼓励学校办出特色、办出水平，出名师、育英才。""特色学校"逐渐成为近年来我国教育界非常热门的话题。同时，也成为学校教育发展理论研究和实践探索的重要内容。

二、特色学校的内涵阐释

在《辞源》中，"特色"的"特"指"一个""单独""出众""卓异""另"等，所谓"色"指"颜色""种类"等，"特色"是指事物所表现的独特的色彩、风格。任何事物之间都存在相同的一面即共性，但同时又都具有相异的一面即个性。事物是共性与个性的统一体，共性中存在着个性，个性中包含着共性。由此可见，"特色"是一个（类）事物区分于另一个（类）事物的标志性差异，含有独出于众者之意。其根本含义是"独特的优质个性"。特色学校的"特色"，若不考虑抽象的定义、概念，它就是独特的、先进的、具有一定时代意义的较为稳定的校园中的一种文化。它不仅体现了学校特性的外显环境、学校本身的课程系统、个性的教学管理，以及显著优于其他学校的项目等内容，同时也是集聚在每位教师与学生身上的精神品质。它可能不容易用语言精准地去描述，但它存在于每个地方。它不会因为校长更替发生改变，不会因为教师的变化而削弱，也不会因为学校的变迁而消失。它已经深入到了每个学校成员的心中，影响着他们的生活。获得诺贝尔奖后，爱因斯坦多次提到他在阿劳州立中学的补习生活，这对他产生了深远的影响，包括学校的自由精神、纯朴的教师热情、不畏强权的精神、民主的行为等。某种意义上，阿劳州立中学所推崇的自由创造精神，便是爱因斯坦构想狭义相对论的基础。在《辞海》中"学校"一词是这样表述的：有计划、有组织地进行系统教育的机构。

特色学校是一个具有深刻内涵的概念，不能仅以"特色+学校"的公式去做简单的推论。对于特色学校的内涵，仁者见仁、智者见智，国内有不少学者都提出了自己的见解。现将有代表性的观点列举如下：

（1）特色学校是指那些有积极创新意识、个性特点鲜明的学校。

（2）特色学校具有较强的个性，是优化与完善了的个性的学校。

（3）特色学校是一所富有特殊理念、思维及行动的学校，得到了所有教师与学生的认同，并已经成为一种传统。

（4）特色学校是指在很长一段时间内，表现出与其他学校不同的教育观念、办学风格、教学思想的学校。

（5）特色学校是指能优秀地达到教学目标，整体上独特、稳定、高质量、富有个性的学校的总称。

（6）特色学校是指以本校的实际情况为基础，以一种独特的办学思维为引导，通过长时间的实践，逐渐形成了具有稳定、特殊的办学理念，且获得了优异成果，被社会普遍认可的学校。

综上，特色学校在严格执行党的教育政策的前提下，依照教育的相关规律，以本校的现实情况为出发点，积累了很长一段时间的办学经验，最终形成了特殊、稳定、优越的教学方式与教育成绩。同时，在社会上也有一定影响力。"教学方式"和"教育成果"是特色学校的精髓，特色是个性化的体现，个性化就是特色。可以说，每所学校都是潜在的特色学校，均可以逐渐发展成为一所有特色的学校。特色学校的本质是：根据学校的现实状况，秉承教育的规律，促使教育效益达到最大化，进而拥有一定的办学影响力。建立特色学校的重点是塑造具有独特意义的教育风格，以培养具有一定个性的学生。建立特色学校的目的，是全面贯彻与实施党的教育政策，注重素质教育的发展，符合人民的意愿。

三、特色学校的主要特征

特色学校一旦形成，便会呈现出一些主要的特征：

（1）独特性。独特性是特色学校的核心特征。学校的独特性是指在一般学校普遍存在的特点的前提下，具有鲜明的个性，即办学行为和表现与其他学校不同。特色学校就是个性化的学校，个性得到了优化的学校。如果丧失独特性，那么特色教育也失去意义。特色学校独一无二，但不是唯一存在的。比如，以董存瑞命名的中学，就是为了发扬董存瑞精神，以此为特色，有一定独特性。然而，我们应该注意的是：独特性不代表唯一。特色学校没有唯一性。比，与如艺术相关的特色学校，一个学校可以，其他学校也可以；不是说有一个关于书法的特色学校，其他学校便不可以办此类的特色学校了。特色学校的这种独特性具有一定程度的创新性。独特性的实质是创新、改革。

（2）优质性。优质性是特色学校的本质特征。优质性是指特色学校是具有"优秀办学成果、社会公认"的学校。如果不能更多更好地培养人才，学校的风格再鲜明、再独特，也是毫无价值的。

（3）稳定性。稳定性是指特色学校的"个性"和"成果"长期保持和发展。特色学校的形成是一个长期积累的过程，一旦形成就具有经得起历史和实践检验、被社会广泛认可的稳定性。但是，特色学校的这种稳定只是相对的，并非一成不变。随着时代的发展，它也会与时俱进，丰富和发展原有的特色。

（4）整体性。整体性主要指特色学校在整体层面上的优化工程。它是一个学校改革后的产物。因此，整体性应在学校的不同层面均有体现，形成教师与学生们共同追求的一系列全面、综合的文化模式，即便是对其中任何一个层面而言，学校的个性也鲜明突出。

第二节 "学校特色"与"特色学校"辨析

特色学校和学校特色均是用来形容一个学校形成自己独特办学风格的特定名词，但两者之间也存在着一定差异，只有学校先具备了一定的学校特色，才能够进一步让学校进阶成特色学校。因此，这也意味着特色学校在维持和稳定学校办学特色方面已经形成了较为完善、成熟的机制。

一、学校特色的界定

概念是科学研究的起点，也是其理论构成的基础。人们对特色的含义看法基本相同，但对学校特色的理解却不尽相同，通常有局部性和整体性两种界定方式。

（一）局部性界定方式

局部性界定方式下的学校特色概念是指学校在教育实践中形成的某一方面或某些方面的优势，其具有本校独特办的学风格。例如：①学校教学实践的某个环节或者某个方面特别突出，且已经收获了良好的教学效果，吸引其他学校争相效仿；②某个学校办学特色的产生和发展首先需要学校的管理者及教师队伍具备先进、独到的教育理念，并针对本校学生的具体学习特征不断创新教学方式和教学风格，逐渐形成一整套个性鲜明、教学效果显著的教学机制。

此外，这种界定方式涉及的对象十分广泛，且全面贯彻于学生的整个学习过程和教师教学实践的方方面面，学校教学设备的设置、教学环境的营造、教师队伍的分配、教学资源的配置、教学活动的创新等方面均能够体现学校特色。因此，当教育行政部门在评估学校的办学特色质量时，通常是采用综合性评估的原则，从教育理念、教学计划、教师队伍培养、课程设置、教学活动、校园文化、学习氛围、学生的精神风貌等多个维度评判学校在形成独树一帜的学校风格方面取得的成效。

当前，在新课程改革的引导下，学校特色建设是学校提升教学质量，促进学生德智体美劳全面发展、推动教育公平的必经之路。学校要重视挖掘自身的特色基因，加强在形成学校特色风格方面的精力和资源投入，转变以往长期存在的照本宣科的管理思维定式，自上而下、由被动变主动地推动学校各项事业的发展。

（二）整体性界定方式

整体性界定方式下的学校特色的概念是狭义的，是学校在长期的办学过程中，在学校发展的各个方面都逐步形成了鲜明的办学风格，因此更注重在整体视角下、宏观层面上的教学特色。第一，学校特色具备鲜明的宏观特点，这不是办学过程中几个教学环节呈现出的特色的堆砌，而是学校经过不懈的发展、创新积淀形成的具有独特校园文化、精神风貌的风格特征；第二，教育成效的整体性提升，学校特色在促进学生全面发展方面发挥教学优势，让教育发展更加均衡；第三，学校特色逐渐受到教师、学生、家长及多方外部社会力量的认可，其给我国教育事业的发展带来的推动作用有目共睹，并激发更多学校踊跃探索适合本校办学特征的学校特色，整体提升了我国不同阶段学校的教学质量。

二、学校特色与特色学校的区别

学校特色一般是指学校注重寻求其在某个方面突出于其他方面或其他学校的较为稳定的特质。学校特色通常是局部的，也就是整体中的一部分。详细来讲，学校特色是指学校在某个局部的层面，如德育教育方面、管理方面、教学方面、课外实践方面逐渐有属于自己的稳定的优势与特点。特色学校在严格贯彻党的教育政策的基础上，秉承教育原则，以学校的现实情况为出发点，历经长时间的实践经验的积累，逐渐形成了稳定、独特、高质量的办学风格与优异的效果，同时也得到了社会的认可。由此可见，特色学校具有整体的特色性，而学校特色一般是整体中局部方面的特色。

因此，针对特色学校和学校特色两个特定概念，无论从词语构成角度进行分析，还是从两者在学校教学环节的具体表现分析，两者不仅不能够混为一谈，模糊概念，而且更需要相专家学者、教育从业者对其进行全面、严谨、科学的概念区分。缺乏明确的概念界定，就会导致后续的探索、实践过程不能精准、专业、有针对性地创新教学活动，影响教学计划的有效实施。

当前，学校特色是指在长期的教学活动过程中主动形成的一种独特、优质且相对稳定的办学风格；而特色学校则区别于普通学校，突出发挥自身在教学资源和教学过程中存在的特长优势，两者不存在明显的从属关系，更多是一种相辅相成、共同发展的合作关系。如果一个学校没有先洞察出自己在教学方面存在的优势，就不可能为后续集中力量和资源发展学校特色，逐步建设特色学校奠定稳定的基础；如若没有建成特色学校，已经形成的学校特色也会缺乏实现进一步发展的多方力量支持。

第三节 创建特色学校的必要性分析

创建特色学校是基础教育领域一项整体性的学校发展战略，在新的历史时期，有其重要的现实意义。

一、教育适应社会发展的迫切需要

在政治、经济、文化高速发展的21世纪，世界基础教育改革的主要趋势之一就是发展教育的民族特色、地方特色和学校个性特色，为青少年的全面发展和个性发展提供更为有利的环境和条件，满足经济和社会发展的需要，提供多层次、多样化人才。《国家中长期教育改革与发展规划纲要（2010—2020年）》提出了"特色化办学""个性化育人"的要求。这既是世界范围内基础教育改革发展的潮流，也是我国未来基础教育发展的风向标。没有特色的学校，只能使学生成为"万生一面"的"标准件"；有特色的学校，才有可能培养出有个性、有特色的学生。创建特色学校是提高我国基础教育质量，培养造就21世纪需要的合格人才的一个基本要求，更是开发学生潜能，促进学生个性发展的需要，是培养学生的创新精神和实践能力的一项重要措施。

二、深化素质教育的迫切需要

素质教育有两个基本维度：

第一，促进学生全面发展。"推进素质教育，提升教育质量"是当前我党教育指导方针的主要目标，素质教育在传统教育理念的基础上，更注重培养学生德智体美劳全面发展，提升学生的自主学习能力、创新能力、语言表达能力等现代社会所需人才的必备素质。

第二，引导学生自由发展。进入21世纪后，我国经济飞速发展，社会和谐稳定，文化艺术蓬勃发展，许多新兴产业如雨后春笋般涌现，从而对人才的需求也就更加多样化，因此全面深化教育改革，实施能够引导学生自由、个性化发展的素质教育是当前我国教育发展的必然。

三、学校生存与发展的迫切需要

在社会主义市场经济体制下，我国教育的办学体制、管理体制和办学模式发生了深刻的变革，基础教育的基本发展方向是从"人人有学上"迈向"人人上好学"。随着公办学校招生规模的扩大，民办学校的快速发展，出生率下降导致的生源减少，学校之间的生源竞争日趋激烈，没有特色的学校必然会处于劣势。教育已经进入品牌时代，教育质量是学校的生命，办学特色是学校的灵魂。学校要更好地生存和发展，就得办出特色。

特色学校的形成，离不开长期的办学经验的积累。每所学校都可能是未来的特色学校。因此，特色学校可以作为所有学校的前进动力，促进其提升教学质量。特色学校的发展与建设，是我国基础教育内涵发展、转变教育战略的重要途径。

特色学校的建设是学校自上而下地根据学校的实际发展现状，结合外部环境的发展特征，在先进的教学理论的指导下，重新整合配置教育资源，有针对性地形成优势鲜明的教学风格。我国在20世纪90年代初提出了实现教育现代化的目标，鼓励各个区域的中小学展现自身的办学特色。此后近三十年的时间里，各个学校建设特色学校的热情依然高涨，并且已经收获了一定成效，积累了一定实践经验，尤其是对农村地区各方面资源都较为短缺的中小学校来说，贯彻实施创办特色学校的理念，帮助这些学校形成了适合本地区域特色、区域人才需求特征、学生学习特点的教学机制，让本地教育更加公平、本土化、均衡。

四、促进学生全面发展的迫切需要

个性化教育是当代国际教育思想改革的重要标志之一。所谓个性化学习，是指个体根据自身个性特点和发展要求而采取恰当的方法、手段、内容，促使其各方面获得充分、和谐发展，塑造自身特色，突显个人价值的过程。个性化学习尤其强调个人学习的主动性和积极性、独特性和进取性。"千校一貌"的学校教育，无法满足社会对人才的多元化需求，不利于创新型人才的培养。

创建特色学校的目标之一就是帮助学生挖掘出自身存在的优势特长，培养个性化的思维模式，为学生创造个性化的学习环境，匹配优质、具有前瞻性的教学内容。这首先要求学校的管理层要具备先进的素质教育理论，能够在宏观层面进行正确的方向引导；其次，要求教师队伍的素质水平较高，能针对不同学生的个性发展提供具有实践价值和参考价值的建议，因材施教，拓展每位学生未来的发展空间。这就为发展学生的优势潜能和兴趣爱好提供了优质的教育资源。

第四节　特色学校形成与发展的过程

特色学校的形成过程是纷繁复杂、艰难曲折的，特色学校的形成过程也是有规律可循的。揭示这一过程的内在规律，可说明创建特色学校的可行性，增强创建特色学校的实效性。

一、特色学校的形成过程

特色学校的形成是一个逐步完善的、长期的、艰苦的追求过程，是一个逐步积累，由量变到质变直至形成特色学校的过程。特色学校的形成不是一蹴而就的，也不是一劳永逸的。

从现实的特色学校发展状态来看，主要存在两种契机推动这类学校的形成：第一，以具有特色教学风格的师资队伍为导向。教师是主导教学实践，深刻影响学生学习成效的关键角色，因此往往任课教师的教学能力、素质水平，以及自身具备的多种能力和知识视野能够在很大程度上影响学生的个人发展。学校领导若能及时洞察到具有教学特色的教师，并借此建成一支有特色的专业师资队伍，就能形成学校的特色；第二，以学生学习特长优势为导向。该类特色学校的学生在某一领域、知识方向与其他学校相比存在着学习优势，因此，学校以此为切入点，加大师资和教学资源的投入，充分发挥学生的优势特长，就能激发出学生更大的潜能。以合肥一中为例，该学校的办学特色是实施开放办学的教育理念，旨在对周边社区起到带动的作用，希望将学校建设成"社区中的学校"。例如，该学校与社区居委会联合举办多种教育活动、兴趣拓展活动，推动学生建立建设社区环境、社会文化的思维模式，不仅促进了该地区社区文化的建设，也在一定程度上培养了学生的奉献精神、公益意识，提升了学校的品牌形象。然后，在"学校特色"的基础上逐步实现特色化，形成独特的校园文化，学生个性全面发展，逐步发展成特色学校。

二、特色学校的形成阶段

特色学校的形成是有阶段性的，是一级级成长台阶的跨越，是一个个艰难曲折的奋斗历程。具体而言，学校的特色发展经历了一个孕育（特质）—过渡（特点）—确立（学校特色）—发展（学校特色化）—成熟（特色学校）的过程。

特色在孕育时期，它的存在形式是一种萌芽的状态，因此学校应全面研究自身的历史、环境、生源情况、师资力量等内容，寻求孕育特色发展的可能——特质。

特色到达了过渡阶段，学校便以自身的优势为焦点，全面挖掘特色发展，使其特质成为一种外在的表现——特点。特点是特质与特色的中间桥梁，当学校实现了对特质的优化，同时集中全力来发展这一特质时，特质便可能形成一个质的飞跃，演化为学校在某一特定方面的特色。当然，此时学校的特色还仅仅是单方面、局部的，还应进一步发展。实质上，其内部的自组织力量、自优化力量都在上升，在提升系统的组织性的同时，构建了新功能的耦合机制，使得个体的优质状态可以发展，使事物能适应或应对内部改变、外界环境突变，进而不断体现质的内在力量，提升学校的特色水平。

学校在发展的过程中，不但有必要巩固现有的特色，同时也应探索全面、深刻的发展方式，使得原有的特色进一步内化，进而使学校特色过渡为学校的特色发展。学校在特色化后，也应不断显示其带动与辐射作用，使局部的特色深入地渗透到不同的教学层面，进而使学校教育结构得到优化与改善，并使特色精神升华为一个学校特有的个性与品格，为学校所有的成员带来益处，进而形成特色学校。

三、特色学校的形成规律

第一，特色学校的创建要遵循教育规律，任何教学理念、观点、活动、目标的设置和创新都要围绕这一规律展开，与教育规律脱节的特色学校创建过程，不仅无法使得学生获得更优质的教育资源和教学过程，而且更是对社会资源的浪费，让教育停留于空想主义层面，僵化且不切实际。

第二，事物的发展过程总是由量变向质变转变，再由质变向量变转变的过程，这一规律同样也适用于创建特色学校。特色学校的建成是一个需要集多方力量，解决在客观和主观层面存在的重重困难的长期过程，一旦在某一环节松懈了前进的脚步，更多的阻力就卷土重来，之前的努力也就会随之功亏一篑。因此，特色学校的成功建立要求学校的管理者、与学生直接接触的教师队伍遵循事物发展的客观规律，坚持实事求是的工作原则，只有这样才能够真正为学生创造出有鲜明办学风格的学习环境。

第五节　特色学校的要素、类型与模式

一、特色学校的构成要素和类型

正确把握特色学校的构成要素和类型，对于全面科学规划特色学校创建工作有着重要的意义。

（一）构成特色学校的要素

要素是指构成事物的必要因素。特色学校的形成是一个多种要素协调、配合发展的过程。特色学校的基本要素包括校长独特的办学思想、学校独特的办学目标、学校拥有的"特色教师"群体、独特的校园文化和校本课程。

1. 校长独特的办学思想

中小学校长负责学校全部工作的设计，组织学校活动，指挥学校发展，是学校的决策中心，是学校发展的灵魂。此处的灵魂除了指校长具有的办学能力、眼光、见识、人格、品质外，最重要的一点是校长的办学思想。因此，对学校的治理最重要的是要有正确的办学思想，办学思想是学校办学方向、办学水平、办学效益及办学特色的决定因素。

校长的办学思想会受到当下社会文化的重大影响，在文化影响下，校长形成了对办学方向、目标、原则、途径以及其他方面的整体认知。办学思想的实质是校长的教育思想，办学思想的组成主要有教育观念、方法观念、学校观念、师生观念及效能观念。孙孔懿指出，在理解独到的办学思想时，不应该过于绝对化地理解独到的含义，真正的独到是指某一个时空范围之内的校长对办学思想的独到见解，并不是所有时空范围内思想的独一无二、思想的空前绝后，而且独到不仅仅是内容方面的独到，还包括程度方面的。例如，某位校长对办学方面的见解别人也提出过，但是该校长相比于别人，对见解的认识更深刻，在教学执行方面贯彻得也更深入，这就可以说是该校长的独到见解。又或者说某位校长对办学方面的见解别人也有，但是别人忽视了这种办学见解，而该校长没有忽视，一直在教育过程中贯彻落实，这就可以说是该校长的独到见解。

校长的办学思想体现的是校长具有的办学观念、办学信仰、教育理想，是指导学校发展的具体思路。同时，办学思想是学校教育取得成功的基础，只有校长的办学思想足够丰富、足够科学，学校办学才能成功。具体来讲，办学思想应该符合教育发展的内在规律，能够体现教育的发展方向，而且涉及教育的方方面面，与此同时，还能够时刻保持创新。

2. 学校独特的办学目标

学校办学目标是指学校根据自身条件、客观环境、社会需求和发展潜力等做出的角色选择。目标是创建特色学校的方向与灵魂，目标不清晰、不具体，势必影响到特色学校建设工作的开展与实施。从某种意义上讲，是否能合理确定学校独特的办学目标，关系到创建特色学校的成败。只有在端正办学目标的前提下，才能深入落实党的教育政策，孕育出优秀的社会建设者。党的教育政策目标是将受教育者培养为德智体美劳全面发展的社会主义建设者与接班人。在确立有特色的办学任务后，要坚持以下五项原则：坚持以社会主义作为办学导向；坚持实施党的教育政策；坚持秉承教育原则与世界教育发展态势；坚持满足地方与学校的现实情况；坚持发展学校的独特性。办学目标应体现教育的基本要求，不但要全面地体现共性，还应反映学校本身的特性。

在确立学校特色目标的过程中，主要有两种思路：首先，以单一目标为出发点，逐步向整体推进，例如，有一些学校在确立学校特色时，先针对数学学科进行情境教学改革，然后形成数学学科的情境教学特色，在此基础上，向学校所有的学科整体推进，将学校创办成具有情境教学特色的学校；其次，以某一个思想为中心，多方面共同发展，将学校打造成多样化的特色学校，例如，有的学校在发展的过程中始终坚持以人为本的主体思想，从学校的德育、教学、体育、管理及机制等方面进行特色建设。

3."特色教师"

特色教师是指具有教学思想特色、技能特色、风格特色、科研特色或者学生管理特色的教师。特色教师一定是在某一方面取得明显效果的教师，需要注意的是特色教师和特长教师不同。

特色学校在其发展与形成的过程中，离不开特色教师的不断优化与发展，同时，特色教师也在特色学校的过程中扮演重要的角色。学校想要过渡为一所有办学特色的学校，想要提高自身的教学业绩，就需要所有教师共同付出、努力。在所有教师中，特色教师是学校特色得以形成、业绩得以提升的特有力量。学校想要建设成特色学校，就需要具有整体性教育力量，而整体性教育力量能否形成的关键在于学校是否具有特色教师。特色教师的力量非常突出、稳定，他们具有某一方面的独特教学能力，在学校特色建设的过程中特色教师发挥着特有作用：

第一，特色教师是学校办学特色得以形成、办学目标得以实现的带头人。通常情况下，特色教师会有自我超越、自我实现的心理，他们会在教学能力方面不断地超越、不断地提升。他们更容易接受外来的新思想，对教学困难也更愿意去挑战、突破。因此，通常情况下，特色教师更容易接受校长提出的办学理念，能够更好地理解教育理念，能够在实践中贯彻落实办学理念，是学校开展特色办学的带头人。

第二，特色教师是学校办学特色建设中的榜样。作为学校的特色教师，通常情况下会享有较高的校园地位，在学校具有较高的威信。他们的工作作风、行为和精神是学校其他教师学习的榜样。也就是说，在创办特色学校的过程中，他们通过自己的行为、思想去影响其他教师，是其他教师工作开展的榜样，有效地激发了其他教师的工作积极性，鼓励其他教师像他们一样爱岗敬业。可以说，特色教师的存在带动了学校整体教育水平的提升，形成了特色学校创办需要的整体教育力量。

第三，学校办学特色主要通过质量和业绩来彰显，质量和业绩也是学校发挥自身办学特色效应的主要因素。特色教师是学校取得特色成绩的主力，通常情况下，学校办学特色的形成离不开学校的主干——特色教师。举例来说，如果某一个学校有数学特色教师，那么这个学校的数学成绩会普遍偏高，在数学学科发展方面有较强的优势。而且特色教师在社会上的地位和声望也会比较高，进而会带动提高学校声望。

特色学校的创建，离不开优秀教师、具有一定特色的教师的奋斗。校长的办学理念，只有在所有教师协同努力的情况下才能实现，高质量的教育取决于好的教师。每个教师都是潜在的特色教师，每个教师也都可以成为一名特色教师。因此，教师队伍应不断优化，这是特色学校得以设立的基础，也是办学的前提条件。

4. 特色校园文化

学校的文化是其灵魂所在。国外把校园文化结构描述为以下七个方面：教育的目标与信仰；接受教育的机会；对勇于尝试新方法的教师的态度；对教师在专业方面的支持情况与帮助程度；个人或协作的教学关系；学校成员的自觉性与效率等。

总的来说，校园文化涵盖了三个层次的内容：制度、物质及精神层面的文化。俞国良提出，校园文化分为三个层次，即内隐层、中间层、外显层。内隐层主要是由教师和学生在学校中认可的价值观、群体目标、管理方法以及所有被认为是校园思想潜意识表达的文化；中间层是校园制定的规章条例、守则制度、管理体制、考查评估标准、学校社团的职能覆盖面等；外显层主要涵盖了对象的物质形态、体现在外界的学校实践的形式①。

校园文化的中间层主要是学校管理规则、学生规则、指导系统、评价标准以及各种社会和组织及其功能结构。校园文化对特色学校的发展具有决定作用。特色学校建设始于校园文化的驱动，校园文化决定特色学校的发展，决定学校教育教学的创造力、凝聚力。教职工、学生的活动及其方式的变革，首先取决于校园文化观念的变革。学校具有自己特色的文化一旦形成，将会促进教

---

① 俞国良，闻剑宝.校园文化与青少年的世界观形成［J］.中国青年研究，1990（02）：21-22.

学目标的达成。缺乏独特校园文化的学校，必然是缺乏竞争力的学校。

5. 特色校本课程

校本课程是基础教育课程体系中的组成部分，其目的在于创造一种适合学生发展的教育，促进学生个性的发展，办出学校特色。

课程是特色学校特色项目形成最重要的载体。学校给学生带来何种教育方式、课程设置，学生便会获得何种教育成效。学校里有哪种特色课程，便可以以哪方面作为特色，并进行发展。特色学校只有在设置优质课程的情况下，才具有活力与生命力。国家运行的三级教学管理，扩大了学校的独立性，同时也为特色学校提供了基础保障。学校只有在具备自身特色课程的情况下，才可以形成自己独特的教育体系。

（二）特色学校的常见类型

可以将特色学校分门别类，从不同类型来了解不同特色学校在建设目标、发展方向方面的不同。具体来讲，可以将特色学校的类型分成以下四种：

第一，优势教育资源利用型。例如，利用外部的优势教育资源而建设的学校，像红色传统特色学校、军事学校、海洋院校、生态院校等都属于这种类型。再比如利用内部资源的优势建设的学校，像双语教学学校、书法特色教学学校、钢琴特色教学学校等都属于这种类型。

第二，学生特长发展型。如绘画特色院校、舞蹈特色院校、体育特色院校等。

第三，独特教育、独特教学或独特管理模式型。如导师负责制教学院校、双元互动式特色学校等。

第四，校风建设与传承型。如坚持民主校风的学校、坚持严谨校风的学校或坚持寓教于乐校风的学校等。需要注意的是，校风建设与传承型学校和上面提到的独特模式型学校不同，其在建设过程中会将学校坚持的办学理念贯彻落实到学校的所有管理环节与教学环节，但是独特模式型学校坚持某个方面的办学特色。

二、特色学校创建的模式分类

《辞海》对"模式"一词是这样定义的：模式是指可以作为范本、模本、变本的式样。我们可以把特色学校创建模式理解为特色学校创建过程中具有简约性、典型性和可效仿性的程序与策略体系。特色学校创建模式分类的标准不同，所描述的特色模式也就不同。

（一）按构成教育活动的要素来划分

从构成教育活动的基本要素出发，由教育目标引申出目标优化模式，由教育内容引申出内容优化模式，由教育方法引申出方法优化模式，由组织管理引申出系统优化模式。

1. 目标优化模式

目标优化模式指的是学校按照党的教育方针的要求，结合学校所处地区的经济状况、社会发展状况及学校自身的发展状况来确立学校的特色办学目标和方向，实现最优化的布局。每个学校的情况都是特殊的，学校所处类型、层次的不同使学校的特色办学目标有所差异。对于学校来讲，最重要的任务是育人，学校应该首先明确想要培养出什么样的人才，只有确立了办学目标，学校的工作才能有所指引，才能有明确的发展方向。《国家中长期教育改革和发展规划纲要（2010—2020年）》强调，学校的发展首先需要遵从党的教育方针的领导；其次，教育的发展应该为社会主义现代化建设提供支持，应该满足人民的需要，与此同时，还要结合社会实践，结合生产劳动，为社会主义的发展提供全面成长的社会主义接班人。因此，学校在选择特色办学方向时，应该先明确学校想要培养什么样的人才，然后结合其他的要求和实际状况做出最优化的布局，建设本学校的办学特色。

2. 内容优化模式

教育内容涉及各个方面，比如德智体美劳这些只是教育内容的基础方面，学校在确立教学特色时，基本会从德智体美劳五个方面选择一个作为教育发展的突破口。在此基础上，实现学校的全面发展和优化，形成自己的办学特色。

第一，德育特色。德育是学生思想道德品质方面的教育。在确定教育特色时，很多学校会从德育的角度出发，创办自己的办学特色。举例来说，有的学校在进行德育建设时，从学校自身、家庭以及社会三个层面出发，构建了三位一体的德育教学网络，通过学校、社会以及家庭的共同合作形成德育教学的合力，形成了家、校、社会一体的德育办学特色；还有的学校非常注重学校文化以及学校氛围的建设，强调寓教于乐，让校园中所有事物都发挥其教育作用，让学生在潜移默化中受到校园环境的熏陶以及校园文化的影响，陶冶学生的情操，最终形成德育环境方面的办学特色；还有的学校注重传统美德、传统文化的学习，在学校内部建设红色文化专区，最终形成了具有中华传统文化特色的德育办学特色。

第二，智育特色。智育是让学生的智力得到开发，让学生掌握知识、掌握能力的教育活动。需要注意的是，智育和教学不同，但是智育的培养需要以教学活动为依托展开，学校在发展的过程中都会非常注重智育方面的工作，都会注重提高自身的教学质量。有很多知名的学校之所以成为重点名校，就是因为学校的智育教学质量非常好，有非常丰富的智育教学经验，在开发学生智力、培养学生技能方面有独特的教学方法。智育除了涉及学生的升学率外，还涉及学生的特长教育，与此同时，学校还要注意学校管理方面的、教学方面的特色建设。

第三，体育特色。学校在发展建设的过程中也会注意体育方面的发展，如注重学校的篮球教育、排球教育、乒乓球教育或田径教育。如果学校有非常突出的体育项目，能够在各项体育比赛中取得较好的成绩，那么只能说明学校的体育教育比较优秀，但是如果想要形成体育特色，那么必须有"拳头"项目，必须要让体育项目成为面向所有学生的群体性项目，要让体育项目优化学校的发展布局，只有这样才能说学校具有体育特色。

第四，美育特色。美育的形象性、感染性和愉悦性能有效地调节学生心理，使之淡化厌学情绪，激发学习积极性，调动非智力因素，发展身心潜能。很多学校正是基于这一点，以美育为引线，以美渗德、以美促智、以美健心、以美强体，进而牵动全局，形成了学校的美育特色。

第五，劳动技术教育特色。我国的教育政策、教育方针明确提出，教育应该结合社会实践，结合劳动生产，这是社会主义教育思想的一个重要组成部分。教育和劳动的结合有助于改善当前的应试教育局面，能提高我国国民的素质，加速教育改革。目前劳动和教育方面的结合已经有了很多实践经验，也创办了很多以劳动为特色的学校。

3. 方法优化模式

方法优化模式是教育者遵照优秀教育理论，结合受教育者的具体情况，选择教育方法解决受教育者遇到的问题，进而实现教学目的。在具体的操作过程中，如果教育者能够自如地选择教学方法，处理好教育过程中遇到的不同问题，顺利地完成教育目标，那么就可以说他掌握了方法优化模式。

4. 系统优化模式

系统优化模式是在我党教育思想、教育方针的指导下，对教育涉及的诸多要素进行针对性、计划性的调整和整合，以此形成优化的系统结构，从整体的角度来提高学校的教育功能，整体提高学生的素质水平，使学生获得个性成长、全面成长。学校想要创办特色学校，就必须从系统的角度、整体的角度优化，只有这样才能提高学校的整体效益。学校的领导者需要从整体的、系统的角度出发，协调学校系统内部的各个要素，要将要素分成特色要素和普通要素，建立特色要素和普通要素之间的联系，使各个要素能够协调发展，让学校的系统结构有整体的优化，最终建立综合的具有个性的特色学校。

（二）按特色学校发展的方式来划分

孙孔懿认为可以将学校发展方式分成六种特色模式[①]：

第一，传统发扬式。指的是学校应该发挥自身的优势，不断地强化自身的优势特点，促使自身的优势成为学校的发展特色。这种模式的特点是通过一个优势的发扬带动其他优势的发展，想要成功运用这种模式需要学校的优势能够进行迁移或者能够产生辐射，只有这样才能带动其他优势的发展。

第二，弊端矫正式。发挥学校的特长可以形成特色学校，反过来思考，弥

———————————————

① 孙孔懿.学校特色形成的过程与模式［J］.教育导刊，1997（z2）：18-21.

补学校的短板也能够让学校成为特色学校。很多学校之所以不能创办出自己的特色是因为存在某些发展弊端，对学校特色的形成造成影响。学校应该矫正发展短板或发展弊端，让学校发展成为有自己特色的学校。想要使用这种模式，需要学校精准地找出目前的发展不足。

第三，借机发挥式。是指充分借助办学遇到的突发事件或偶然的机会，发挥突发事件或机会的作用，以此将学校创办成有特色的学校。这种模式要求学校的管理者有非常强烈的创办特色学校的动机，只有这样才能抓住创办过程当中遇到的一切机会，否则就会错失机会。除此之外，在遇到机会的时候，学校管理者还要果断决策，及时地发挥出机会的潜能，将机会的作用发挥到最大。

第四，空白填补式。是指学校应该根据教学工作开展的情况，有针对性地重点填补薄弱环节，尽量弥补教学过程中的不足，从整体上提高学校的办学优势，凸显学校的办学特色。使用这种模式，学校的管理者应该明确一个观念，那就是学校中没有一件事是小事，所有的事都具有教育作用，每个细微之处都不应该放过，要坚持不懈地抓教学效果，只有这样才能创办出特色学校。

第五，困境奋起式。学校在发展的过程中避免不了会遇到各种挑战和挫折，甚至会陷入发展困境中，此时应该摆正发展态度，积极地迎接困难、突破困境，在困境中奋起。如果学校能够从困境当中解脱出来，那么学校也将会成为具有特色的学校。

第六，理想实施式。学校的领导者应该向全体教师和职工宣传学校的发展方向、发展愿景，并明示学校的发展步骤。在向着学校理想前进的过程当中，学校应该采取强有力的措施，一步一步到达理想的顶峰。

第七，理论指导式。是指学校在创办特色学校的过程中应遵循教育理论的指导，根据教育理论的要求一步一步地开展教育实践，最终创办出遵循具体理论指导的特色学校。

（三）按特色学校发展的范围与对象来划分

根据学校发展范围和对象的不同，可以将特色学校创建的模式分为以下两种：

1. 局部突破模式

局部突破模式指的是学校率先突破发展的一个方面或几个方面，以此来实现学校的特色发展。在局部突破模式中，学校的发展应先选择一个要着重优化的方面；然后制可行的具体方案，并探讨方案具体实施的可行性以及优越性；最后，将方案付诸实践，与此同时，也可以考虑和主要发展方面相关的方面，共同发展、创新，让其他发展方面和主要发展方面之间相互配合、相互协调。结合学校开展教育工作的具体环节，局部突破模式可以分成以下几种类型：

第一，突破办学目标。学校应该将现有办学目标中的糟粕剔除，并将现有办学目标中的不足之处补足。

第二，突破办学理念。学校应该创新办学理念，重新定义教育标准以及学校的文化精神。

第三，突破管理体制和运行机制。学校应根据特色学校创办的需求改变和创新学校当前的办学和管理体制。

第四，突破办学资源。学校应该更新资源观念，扩大资源的获取范围，和政府、和社会之间建立更多的资源获取关系，优化学校的教育资源和办学资源。

第五，突破教师队伍。学校对教师的培养应按照当前教育改革对教师提出的新要求，整体、系统提高教师的教学能力、教学素养。

第六，突破课程教学。学校的课程体系建设应该涉及均衡性、选择性及综合性，要从根本上转变学校的教学方式及学生的学习方式。

第七，突破教育评价。学校应该创新教学评价、主体评价、内容评价方法等。

2. 整体优化模式

整体优化模式是指从整体的角度出发，先确立学校创办特色学校的目标，然后以目标为指引，改革创新学校的各个工作环节、工作步骤，最终形成系统性、整体性的学校特色办学发展方案，然后论证方案的可行性和操作性，最终将方案应用在实践中。

局部突破模式是通过单一方面的变革来实现学校的特色发展，而整体优化模式是将学校发展中涉及的所有要素重新组合、优化，以此来实现学校的特色发展。从这个角度来讲，局部突破模式是针对学校的办学要素而开展的改革，整体优化模式是针对学校的办学结构开展的整体结构性改革。通常情况下，学校的特色发展会选择某一个方面来突破，然后再向整体扩大，进而实现学校的全面特色发展。

总而言之，创办特色学校有多种模式可以选择，创办特色学校的过程不是静态的，而是动态发展的。在创办特色学校的过程中也不是只能运用一种模式，而是可以同时运用多种模式。

第二章 **2**

课程改革促进学校特色发展

第一节 开发校本课程，推动学校特色发展

校本课程是指学校的教师根据国家有关课程设置的规定及地区有关地方课程设置的规定，设置的符合本学校学生需求的课程资源。校本课程会把本校区内的资源有效地利用起来，并结合学校自身的办学思想开发出更加多样、适合学生的教学课程。

校本课程属于国家课程组成中非常重要的一部分，学校教学过程中使用的课程主要包括国家课程、校本课程及地方课程三大类。这些课程的培养目标是一样的，但是，不同课程体现的价值不同，在具体的教学过程中承担的任务和责任也不同，对学生发展的促进作用体现在不同方面。当前的基础教育阶段进行了大量教育改革，在学校课程中预留了10%～12%的课时量，学校可以在这些课时量中适当安排地方课程及校本课程，为学生提供更多可以选择的课程，让学生学习更加适合他们的课程。

一、校本课程开发概述

校本课程开发是基础教育新课程改革中的一个亮点和难点。为了有效地做好校本课程开展工作，我们首先必须弄懂校本课程开发的内涵及基本特征，明确其实质，澄清模糊认识，避免因出现理论性偏差而导致实践性偏差。

（一）校本课程开发的内涵阐释

"校本课程开发"这一当今流行的课程术语，是近年来我国课程研究工作者从西方引进的新名词。它的英文表述是"school-based curriculum development"或"Site-based curriculum development"，缩写词为"SBCD"。在

英语教育文献中，与SBCD相近的词汇还有"学校聚焦的课程决策""学校中心的课程改革""学校课程改进"等。最早提出"校本课程开发"一词的是菲吕马克（Fumark A.M）、麦克米伦（McMullen I）。1973年7月，由欧洲经济合作与发展组织的下属机构"教育研究与革新中心"在爱尔兰阿尔斯特大学召开的"校本课程开发"国际研讨会上，菲吕马克和麦克米伦最早提出"校本课程开发"并加以阐述。1974年，在日本东京召开的国际课程研讨会上，校本课程开发被作为一项重要内容。1973年以后，不同国家和地区的专家、学者对校本课程开发有过各自的定义，其概念也众说纷纭。

国外专家、学者提出的校本课程开发定义中最常见的、有代表性的主要有：

（1）校本课程开发意指参与学校教育工作的有关成员，如教师、行政人员、家长与学生，为改善学校的教育品质所计划、指导的各种活动。

（2）校本课程开发是以学校为基地的课程开发工作，该课程开发工作大部分依赖学校教职员以及学校的现有资源。

（3）校本课程开发是由学校教育人员负责学生学习方案的规划、设计、实施和评价。

（4）校本课程开发是学校自发的课程开发过程，过程中需要中央与地方教育当局权力、责任的重新分配。

（5）校本课程开发是一种强调"参与""草根式民主"的课程发展口号，是一种重视师生共享决定，共同建构学习经验的教育哲学，也是一项需要课程领导与组织变革的技巧。

（6）校本课程开发有广义和狭义之分，狭义是指学校人员采用、实施现有课程成品时，所进行的一连串的课程决定；广义是指学校成员参与课程开发、实施与评价等动态过程，以及其对学校组织、资源、社区参与、培训教育所做的决定。

我国台湾及大陆的专家、学者提出的校本课程开发定义中最常见的、有代表性的主要有：

（1）校本课程开发是以学校为中心，以社会为背景，通过中央、地方与学校三者权力、责任的再分配，赋予学校教育人员权责，然后由学校教育人员结合校内外资源与人力，主动进行学校课程的计划、实施与评价。

（2）校本课程开发是指学校为达成教育目的或解决学校教育问题，以学校为主体，由学校成员如校长、行政人员、教师与家长、社区人士主导，所进行的课程开发过程及其结果。

（3）校本课程开发指的是学校根据本校教育哲学，通过与外部力量的合作，采用选择、改编、新编教学材料或设计学习活动的方式，并在校内实施以及建立评价机制的各种专业活动。

（4）校本课程开发是指学校根据自己的教育哲学思想、为满足学生的实际发展需要、以学校教师为主体进行的适合学校具体特点和条件的课程开发策略。其中，"开发"是指从课程目标的拟定、课程结构的设计、课程标准的编制、课程材料的选择和组织到课程的实施与改进等一系列的课程行为。校本课程开发包括两大范围：一是校本课程的开发，二是校本的课程开发。

（5）校本课程开发是在学校现场发生并展开的，以国家及地方制定的课程纲要的基本精神为指导，依据学校自身的性质、特点、条件及可利用或开发的资源，由学校成员志愿、自主、独立或校外团体或个人合作开展旨在满足本校所有学生学习需求的一切形式的课程开发活动，是一个持续和动态的课程改进的过程。

（6）校本课程是提升学校教育质量的一种方式，也是校内人员（校长、教师、学生、行政人员）与校外人员（家长、社区人士、地方人士、行政官员、学者、专家、有关资源单位人士）共同努力，综合考虑学校内部的需求、学生学习、教师教学、社区需求、上级单位要求及国家与中央之要求等因素，并以研究、设计、发展、实施、评价及修正等途径建立恰当的、适用的教材与方案的过程，所有课程参与人员亦肩负应有的绩效责任。

从以上国内外专家、学者对校本课程开发内涵的界定可以看出，由于研究视角、社会背景、认识论基础、方法论等的不同，对校本课程开发的理解也见仁见智，各自强调的侧重点也有所不同。但是，他们对校本课程开发内涵的界定的共同点是：校本课程开发的场所是在学校，开发主体是学校的校长、教师以及校外的学生家长、社区人士等，主要开发活动是制订学校课程计划、实施课程并评价课程。这些定义为我们理解校本课程开发提供了某种思路。

校本课程开发是新一轮基础教育课程改革的重大举措。结合当前基础教育课程改革的实际，笔者认为，校本课程开发是学校根据党的方针和本校的办学思想，以学校为基地，以校长为领导，以教师为主体，学生、家长和社区人士共同参与，以专家、学者为指导，以学生发展为目标，由学校组织进行的课程规划、编制、实施和评价活动。

（二）校本课程开发的特征表现

课程开发模式指的是由课程开发遵循的思想和理论、课程开发选择的内容和方法、课程管理使用的手段、课程评价遵循的规则等共同构成的形式系统。课程开发模式不同，采用的课程开发思想和理论也会不同，形成的课程在组织结构方面以及课程实施方面都会有所差异。如果根据课程开发角色的不同进行分类，可以把课程开发分为三个层面：国家层面、地方层面及学校层面。国家课程开发模式是指课程开发者是国家机构组织的有关专家，这样的课程适用于全国所有的学校，而且课程是自上而下进行的全国推广，国家课程开发已经形成了集权制的开发传统。校本课程开发模式指的是学校有开发课程的自主权，学校可以组织学校领导者以及教师、学生共同开发课程。

校本课程开发具有以下基本特征。

1. 民主性

民主性是指校本课程开发是一个合作的、民主的、开放的决策过程。实质上，校本课程开发是学校根据自己的办学思想，结合本校的教育、教学实际自主进行的课程开发。在校本课程开发中，教师根据自己的专业特长，有选择开发某门课程的权利。但教师作为校本课程开发的主体，必须加强与校长、其他教师、学生、课程专家、学生家长、社区人士等之间的合作，充分听取和尊重他们的意见。学生根据自己的人生规划、兴趣，有选择学习某门课的权利。学生在某种程度上还有参与课程决策的权利，既可以明确告诉教师自己想学什么，不想学什么，让教师去取舍，也可以不选自己不感兴趣的课。此外，校本课程开发是一个动态的不断完善的过程。在课程实施过程中，学生和教师都有增减内容的权利，而且内容的结构和呈现方式是在师生互动中完成的。同时，校本课程开发也需要相互交流，在借鉴中完善和发展，在发展中逐步形成个性特色，而不是"校自为本"的自我封闭。

2. 创新性

创新性是指在校本课程开发中，教师在学校办学理念的引导下，分析学生需求，充分挖掘校内外课程资源，自主地、创造性地开发。自主地、创造性地开发校本课程，长期以来，我国实行的是国家本位课程开发政策。对广大教师来说，课程开发是一个非常陌生的领域，是一种与其从事的教学工作完全不同的新兴事物。因此，在校本课程开发中，需要教师选准方向、找准路子，独辟蹊径，这样才能开发出高质量的校本课程，从某种意义上说，校本课程开发具有一定程度的原创性。面对校本课程资源不足、没有现成的"中国式"的校本课程开发经验可以借鉴、教师课程开发能力差等重重困难，教师需要去探索、去创新。

3. 独特性

独特性是指校本课程开发的内容在体现学校办学理念的情况下，尊重教师和学生的独特性和差异性，突出学校的办学特色。校本课程开发以尊重师生的差异，促进学生的发展，满足不同学校的需要为前提，其实质是追求学校特色的形成。

4. 补充性

补充性是指校本课程开发的出现弥补了以往国家课程开发及地方课程开发的不足之处。校本课程的出现为学生提供了更多课程选择，而且校本课程开发是根据本学校内教师和学生的情况进行针对性开发，具有明显的学校特色。这样的课程开发会涉及本地区的文化发展、经济发展，也会受到学校自身办学条件的影响，最主要的是能够充分满足学生的需求，符合学生当前的认知水平。国家课程开发最主要的优势是可以解决基础性的课程，让课程统一；地方课程开发具有的优势是可以体现地域性；校本课程开发具有的优势是能够充分结合学校情况、学生需求、学生特性。从这一角度来看，校本课程开发的优势是其他两种课程所不具备的。

（三）校本课程开发的目标与理念

1. 校本课程开发的目标确定

校本课程开发是一项意义重大、影响深远的改革，为保证开发质量，必须确定开发的目标。

基于世界中小学课程改革的发展趋势和《中共中央国务院关于深化教育改革全面推进素质教育》《国务院关于基础教育改革与发展的决定》，以及教育部颁布的《基础教育课程改革纲要（试行）》《义务教育课程设计及比例》《普通高中课程方案》的精神，国家课程、地方课程和校本课程构成了学校实施的"三级课程"体系各级课程在总体目标上具有一致性和互补性，它们都服从和服务于我国基础教育课程的总体目标，都体现了党的教育方针和各阶段的教育培养目标。因此，新一轮基础教育课程改革校本课程开发的主要目标是：

其一，在体现校本课程与国家课程、地方课程在培养目标上的一致性的前提下，根据本校的培养目标和课程资源状况，了解学生多样化发展的需要，设置可供学生选择的、灵活安排的课程。

其二，满足教师专业发展的需要，提供适当的培训，给予教师参与课程开发的机会。

其三，体现学校的办学特色，独立或合作开发有特色的课程。

其四，吸收学生家长或社会人士参与课程开发，丰富课程资源，并兼顾当地社区的发展需要。

2. 校本课程开发的理念解读

理念是实践和行动的指南，是行为的内核，行为是理念的外化。理念解决价值取向问题。所谓"理念"，是共同分享的价值观，有理念即有方向感、即有目标性，有理念方有准绳、方有标杆。所谓"理念"，是愿景及方向的指引原则。所谓"理念"，是组织的最高领导原则。有理念的组织才能长治久安，有理念的组织才能塑造优质的组织文化，有理念的组织才能凝聚组织的共识，有理念的组织方能分享共同的价值。

因此，要真正理解校本课程开发的实质，必须准确把握"校本课程开发"

这一概念所折射出来的新理念。校本课程开发的理念主要有：

（1）校长是校本课程开发的首要负责人。由于校本课程开发由学校负责，而校长又是学校的最高管理者，领导学校的发展决策、学校的发展方向，因此，校长必须承担起校本课程开发的责任和义务，带领教师及学生共同开发出适合本学校的课程。

（2）学校是决策校本课程开发有关事项的中心。要想让教育真正发挥作用，就必须利用学校这个环境，教育课程必须通过学校才能实现。因此，对于学校来说，应该享有一定的权利来制定自主课程。学校可以根据自身的发展特色开发相关课程，帮助学生更好地发展。学校负责校本课程的开发，因此，学校应是校本课程开发有关事项的决策中心。作为决策中心，学校在校本课程开发的过程中应以学校的教学情境为主，严格履行校本课程开发中学校应承担的责任，坚持民主决策。除此之外，中央教育机构应为学校自主制定课程提供灵活度较高的可选择或可参考的课程框架，这有利于学校制定出更适合自身发展和学生需求的课程。与此同时，学校应该积极地和家长、老师、学生沟通，为学生打造量身定制的课程计划。课程研究专家要做的是分析不同的课程开发模式，并寻找不同模式之间的平衡点，最大程度地提高国家的教育质量。

（3）教师应占据校本课程开发的主体地位。根据课程开发主体的不同，可以把校本课程分为不同的层次，比如教师个人层次、教师小组层次、教师全体层次及校外机构或个人合作层次。无论是哪个层次，教师都占据十分重要的地位。因此，在校本课程开发的过程中，非常强调教师的主体地位。教师和学生的接触最为直接，他们了解学生的实际情况，他们给出的课程设计应该是最贴近学生现实的，也是最能够满足学生需求的。相比于校外的研究专家，这是教师的主体优势。因此，校本课程开发不可以和国家课程以及地方课程使用相同的方式，应该注重其中存在的差别，发挥教师的主体作用。通常情况下，学校课程开发主要涉及两个主体：一个是国家课程开发主体或地方课程开发主体，也就是各类专家；另一个是校本课程开发主体，也就是学校的老师。国家课程开发或地方课程开发涉及的开发者、评价者及实施者是不同的，但是校本课程开发涉及的开发者、评价者及实施者都是主体教师。因此，教师是校本课程开发的核心主体。

之所以让教师成为核心开发主体是因为校本课程开发是教师的义务。我国一直遵循专家指导教师执行的形式，这导致教师长期参与不到课程开发过程中。现在的教育发展要求学校在符合国家对课程开发要求的基础上，结合学校自身的发展状况、学校所处地区的经济状况、文化状况及学生的需求来开发有自己学校特色的课程，原本属于国家层面的课程开发权力应该分一部分下放到学校手中，国家应该在制度上赋予教师课程开发的权力，并迅速转向"实践层面"，由课程的执行者变为课程的研制者。

（4）校本课程开发的关键是"以学生发展为本"。学校是为学生存在的，课程是为学生开设的，学校所做的一切归根到底是为了促进学生最大限度的发展。朱永新在《教育的理想与理想的教育》一书中说："教育的理想是为了一切的人，无论是城市的还是乡村的，富贵的还是贫贱的，聪慧的还是笨拙的；教育的理想是为了人的一切，无论是品德的还是人格的，生理的还是心理的，智力的还是情感的。""一切为了每一位学生的发展"是基础教育新课程改革的核心理念。"以学生发展为本"，要求我们关心、理解、信任每一个学生，尊重学生的独特个性，注意激发每个学生的创造潜能，发展每个学生的个性。"个性化教育"是教育内在的、本质的终极追求。因此，在进行校本课程开发时，学校必须从学生的需要出发，深入了解和研究学生心理的发展规律，把握好学生个性潜能发展的心理特性和生长点，并把这些因素纳入校本课程开发中，尊重和满足学生的个性差异，从而更有效地促进学生的发展。

（5）合作是校本课程开发的重要策略。校本课程开发是一种集体配合的事业。理论的引领和专家的指导不仅是十分必要的，而且是不可缺少的。课程开发需要一定的理论指导和开发技能，教师没有受过专门的训练，也不能独立完成校本课程的开发。因此，学校应建立"校本课程开发共同体"，共同体成员应包括课程专家、社区代表、教师、学生、家长以及教育行政人员。

（四）校本课程开发的价值和意义

校本课程开发的出现是社会、教育改革和创新发展到一定程度的必然结果，校本课程开发也会为教育思想注入新鲜血液。经常说的价值是指客体对主体表现出来的满意程度，假如能把课程开发当作有且仅有一个的客体，而把其他因素看成是与之相关的主体，那么在这样的情况下，校本课程开发具有的价值就是它对学校课程改革、教师个人发展、学生全面成长等方面产生的作用。具体来讲，可以将它体现的价值概括成以下几点。

1. 根本目的是促进学生的发展

个性指的是社会交往中，个体表现出来的相对稳定的意识倾向性特征的总和。学生是单独的个体，学生的性格、能力及生活习惯、特长爱好都会有所不同，每个个体都是独立的。

21世纪对人才提出的要求主要有两方面：首先是人才应该全面发展，其次是应该让人才的优良个性得到充分发展。也就是说，人除了要实现全面发展之外，还要掌握一些专业的技能和知识；人的发展不再是简单地模仿，人的培养也不再整齐划一，而是更加注重人的个性创造，要将人培养成具有个性特征的人，也就是符合新时代发展要求的人。对人的专门化发展、创造性发展的要求的本质还是人要成为有个性的人，因此21世纪的教育主要的特点是进行个性化教育。

校本课程本身就是极具个性化的课程，它最大的特点是根据学生的发展情况设计课程，也就是始终以学生的发展为根本。它的存在就是为了实现学生的个性发展，让学生成为独特的个体。校本课程指出，在课程设计时，应该满足不同水平的学生不同要求，为学生的发展创造自由、个性的成长空间，要让学生实现潜能的激发，多方向、个性发展，让学生具有其他学生难以替代的个性价值。学生可以在发展的过程中，根据自己的特长、爱好选择自己喜欢的课程，还可以对校本课程的建设提出要求。学校应该尊重学生的个性选择，让学生自主选择适合他们且他们自己需要的课程，将课程的选择权归还学生，为学生的个性发展创设空间，也为学生个性成长的实现提供条件。也就是说，学生可以自主安排学习内容，并根据自己未来发展的方向选择能够提供支持的个性化课程。因此，校本课程开发让课程具备了综合性、实践性及个性，让课程和学生之间的适应性得到了明显的提升，极大地激发了学生的兴趣，学生的教育生活更加丰富，学生也能够得到更加多样化的发展，最终成为符合21世纪教育要求的、具备创新精神、实践能力和个性的学生。

2. 教师专业发展的有效途径

校本课程开发代表学校要改变教学观念、思想及内容，这势必会影响到教师的专业发展。具体来讲，教师参与到校本课程开发过程中，主要会在三个方面影响教师的专业发展：

首先，教师参与校本课程开发会促使教师的教学观念快速地转化成教学行为。校本课程开发遵循一切以学生的发展为本，教师在参与开发的过程中必然会受到该理念的影响，必然会感受到教育的民主、合作、科学与创新。也就是说，参与校本开发的过程更新了教师的教学观念，而教师的观念又会深刻地影响学生，因此，学生的发展也会更加民主，学生也会形成合作观念、创新观念，整个教学过程、教学方式也都会发生变化。总的来说，教师参与校本课程的开发提高了教学观念和教学行为之间的适用性。

其次，教师参与校本课程开发有助于教师课程开发能力及教学研究能力的提升。我国师范院校使用的是苏联凯洛夫提出的教育学观念，这种观念可以概括成"没有课程的教育学"，它注重设计教学计划、教学大纲和使用教科书，而且我国的教育始终是教师服从于国家课程或地方课程，教师始终受到国家和地方课程权威性的影响，对课程逐渐形成了强烈依赖，始终坚信课程的引导，没有对课程提出过质疑，也没有想过转换角度去开发课程。因此，在这样的情况下，教师自然无法主动开发校本课程，也没有办法根据学生的实际情况来编写课程。教师认为自己的教学任务是执行，是根据教材为学生讲述课程，因此，在长期的成长过程中，教师也没有注意培养自己在课程开发方面的能力。教师这一职业，它的专业发展是长期的、持续的过程，教师要一直学习新知识，不断地提高自己的专业能力。教师如果想要变得更专业、成熟，就需要通过学习来提高自己的专业水平。在校本课程开发中，教师的参与要求教师除了会教学之外，还要会使用课程资源、研发课程资源，这是促使教师进行理论学习、课程实践、课程开发的动力。在明确教师是课程开发主体后，教师会自主地提高自身的研究、教学以及课程开发的能力，这极大地促进了教师的专业发展。

最后，教师参与校本课程开发会提高教师的综合素质水平。教师在开发校本课程的过程中，必然会重新编排教学内容，必须要寻找大量的理论资料，必须要学习和课程相关知识。在优化课程结构及课程内容的过程中，教师也会重组知识结构，并进行一定的优化和完善，教师的本体性知识、实践性知识都会有一定的积累，教师自身的专业素质得到了提高。与此同时，教师也会根据课程研发来反思自己的教学过程，总结教学经验，教师的实践教学能力得到了提高。而教师专业素质和教学能力的提高就是教师综合素质水平的提高，因此，教师参与校本课程开发提高了教师的综合素质水平。

3. 特色学校的生长点

当今的中小学在发展的过程中，都在追求建设特色学校，而学校特色的形成会影响校本课程的开发。学校的校本课程根据学校自身情况建设，因此，校本课程必然会具有学校的特色和特点，学校的特色也是校本课程开发的主要资源。无论是理论还是以往历史经验都表明，学校的形成有自己独特的轨迹，会受到诸多复杂因素的影响，无法通过其他学校的发展来验证某一学校本身的发展过程。学校在自主发展过程中会形成自己的个别化理论，个别化理论的形成更适合学校的发展需求，更能够体现出学校的发展特色，而学校的特色必然会体现在学校课程及教学过程中，也就是说，学校的课程体系必然具有个性化特征。

我国教育一直使用国家统一编订的课程，几乎所有中小学的课程都是统一的，使用的是同一个教学计划、同一个教学大纲，教材也是相同的，这导致我国的教育过于刻板、单调，所有学校都是同样的课程，所有教师使用的都是同一个教案，所有学生使用的都是同一个书本，这导致无法形成不同学校的差异，学校也就没有特色。校本课程开发遵照的是国家相关课程标准的设计要求，但与此同时，它还结合了学校本身的办学特色，考虑了学生的学习需求，还考虑了教师特点、社区资源，在此基础上自主设计课程，自主设计课程的实施及评价，这满足了学校对特色发展的需求，也满足了学生对多样化发展的需求，使得学校不再是全国统一的，而是逐渐有了自己的特色。

综上所述，校本课程开发有助于学校实现自己的办学特色，是实现特色发展的一个有效途径，它促进了中小学的特色发展和自主创新，有利于中小学课程体系的改革。也就是说，推进校本课程的建设能够加速形成学校的特色。

4.促进教育决策民主化

教育民主化提出的要求是教育管理部门应该将权力适当地放给学校，与此同时，学校也要将权力适当放给学生和教师，让学生和教师成为学习真正的主人，激发学生和教师的主观能动性。目前，我国的教育体制是由国家和地方行政部门进行教育决策，校本课程的加入实现了课程体系的三级管理，也重新分配了课程设置的权力和资源。也就是说，校本课程开发的提出和应用代表国家课程决策权力已经开始逐渐下放到学校，这个过程充分体现了教育的开放、民主及合作。我国的中央政府及地方政府和学校充分交流协调，并达成一致，学校的校长、教师和学生有了参与课程设计的权利，对课程的开发有了明显的积极性，更愿意加入课程的设计与评估过程中，实现了教育民主化。而且通过国家、地方和学校的积极配合，教育目的和学生个体的发展目的有了明显的统一，学校也能够更好地适应教育改革，教学效果有了明显的提升。

（五）校本课程开发的基本原则

校本课程是在国家课程计划框架内，学校自行决定、自主开发的课程。要有效地开发校本课程，必须遵循一定的原则，用原则规范校本课程开发的目标、方向、内容、性质和质量，以减少校本课程开发的随意性，确保其科学性。否则，会产生"未蒙其利，先受其害"的后果。因此，在校本课程开发中，应当遵循以下原则：

（1）方向性原则。校本课程作为学校课程体系的重要组成部分之一，以实现学校培养目标为根本任务。因此，在校本课程开发中，尽管学校、社区的课程资源有特殊性和差异性，但必须坚持全面贯彻党的教育方针，使学生德、智、体、美和谐发展；坚持面向全体学生，使每个学生学会学习、学会发展、学会创新。不能顾此失彼，始终紧紧把握素质教育的大方向。

（2）主体性原则。课程真正发生的地方在学校。学校是校本课程开发的基地，教师是校本课程开发的主体。校本课程由学校以学生的实际需要为主导自主规划和开发，从而增强了课程体系的灵活性、适应性和实践性。因此，学校在进行校本课程开发时，一定要确保教师主体性的发挥，尊重教师的意见，充分调动教师在校本课程开发中的主动性。同时，要重视学生的参与，以学生发展为本，不断优化校本课程，促进学生自主发展。

（3）统整性原则。统整性原则是指在校本课程开发中要系统地把握学校的国家课程、地方课程和校本课程。在统整时，重点是对认知、技能、情感和知识的统整：一是要注意课程内容、方法和学生生活经验的统整；二是要注意学科间的统整，从而形成最佳的课程结构，发挥校本课程的最大功能。

（4）科学性原则。科学性原则是校本课程开发最根本的原则。科学性的主要含义：一是校本课程开发立意必须科学。二是课程体系结构必须科学。校本课程与国家课程、地方课程要相互补充、相互衔接、相互融合，构成科学合理的课程体系。就校本课程的设置而言，要有一定的系统性，并形成体系。三是课程内容必须科学。要及时反映社会科学、自然科学发展趋势，确保教学内容的严谨性、逻辑性、准确性、科学性，不能出现科学性错误。就内容而言，要符合学生的认知心理发展规律性，由易到难，从简单到复杂。四是课程实施必须切实可行。教师是校本课程的实施者，既不能"因人设课"，也不能"强教师所难"。五是课程评价必须科学，要实行发展性评价。

（5）互补性原则。国家课程是实现培养目标的核心课程，校本课程是对国家课程的重要补充。因此，在进行校本课程开发时，学校要充分体现出对国家课程的补充作用，发挥其自身的优势，推动国家课程、地方课程和校本课程之间的相互协调与支撑，使国家课程与校本课程能相互协调地发挥整体的育人功能。

（6）发展性原则。在开发校本课程时，一是必须着眼于未来社会发展的需求；二是必须着眼于未来学校的发展；三是必须着眼于未来学生的发展。因此，在进行校本课程开发时，学校在课程的选题上应与时俱进，紧扣时代的脉搏，始终站在时代的前沿；在课程的内容上，坚持随时代的发展而不断丰富和完善；在课程的实施上，坚持着眼于开发学生的潜能，以促进学生个性发展为目标。

（7）创造性原则。校本课程的开发是一个探索、创造的教育改革过程。实施素质教育的重点是培养学生的创新精神和实践能力，校本课程开发必须充分体现素质教育的这一要求。因此，在进行校本课程开发时，学校应把校本课程开发的目标定位在激发学生的创新意识，增强学生的创新精神，发展学生的创新能力和实践能力上。没有创新就没有鲜明的个性，也就形不成学校自己的独特风格。在内容编排和体系结构上，要把最前沿的社会科学、自然科学成果融进校本课程之中，不拘泥于课程的完整性和科学的系统性，以突出能力本位为目标。学校的校长和教师，应依据教育目标、学校的课程目标和主客观条件，创造性地提出一些新的课程发展思路、新的课程发展方案和措施，充分体现学校的办学理念和个性，通过开发特色课程，创建特色学校。

（8）针对性原则。校本课程开发强调：有利于发展学生的个性特长；有利于提高教师的专业发展水平；有利于学校形成特色学校。校本课程开发要体现出"三有利"的要义。学校要根据校际教育资源的差异性，从学校实际和办学特色出发，从学校教师的特点出发，有针对性地根据学生的实际需求和兴趣进行评估，在社会需求、学生发展、学校条件之间找到最佳结合点，从而做出恰当的目标定位，选准突破口。切不可赶时髦、凑热闹，为"开发"校本课程而开发。

（9）多样性原则。校本课程具有个性化的特征，因而，学校开发的校本课程的课程类别应是多样的，以便为学生提供较大的选课空间。校本课程开设的多样性程度越高，学生的选择余地就越大，学校在培养多元化人才满足社会对人才的需求方面成功的可能性也就越大。

（10）开放性原则。校本课程开发是一个民主参与、开放决策的过程。校本课程开发不仅是教育圈内的事，而且是全社会的事。校本课程开发的过程是对话式的，而不是独白式的，不是某一部分人说了算。因此，在校本课程开发中，学校要倾力打造由教师、教育管理干部、学生、课程专家、家长和社会各界人士构成的"学校教育共同体"，形成民主开发校本课程的氛围；充分挖掘一切可以利用的课程资源和社会资源，服务于校本课程建设；制定行之有效的政策，鼓励教师、教育管理干部、学生、课程专家、家长和社会各界人士积极主动地、创造性地参与校本课程开发，共同建设校本课程。

（11）可行性原则。校本课程设置可行性的原则既要求所开的课程能得到教师等人力资源的支持和保证，也要求所开的课程能得到必要的教育教学设施、设备条件的保证与支持。校本课程开发应具有可操作性，注重结果的有效性。当条件尚不具备时，可选用、改编或合作开发。如果勉强开设，强教师所难，不仅开发出来的校本课程质量低劣，而且会加重学生的课业负担，无法实现课程的目标。

二、校本课程开发和学校特色发展间的关系

校本课程开发和学校特色发展之间相互促进、相互作用。首先，学校的特色发展之路可以利用校本课程开发这一途径来实现，同时，它也是促进学校特色发展的一个强劲动力，是提升教师专业能力和促进学生发展的积极动力，并有利于学习特色化、内涵化发展。其次，校本课程开发的最终目的是实现学校的特色发展，并可以基于学校特色发展促进校本课程开发的不断完善和健全。因此，学校的文化内涵发展是以校本课程开发为依托的，这也是学校不可取代的一个核心竞争力，它能有效促进学校的特色发展。此外，两者在目的和价值追求上具有统一性，都是为了促进学生的全面发展而提出的。

（一）校本课程开发和学校特色发展具有共同的价值追求

实现学生的发展是校本课程开发和学校特色发展的一致性目标。当然，学校的现实状况、师生未来发展需求及历史传统等因素都会影响学校的特色发展，为此学校要基于学生的需求及自身的资源条件和优势来实现特色发展，并

最大程度地激发学生潜能。

学校的校本课程开发建立在学生的差异性和多元性基础上，并为学生提供自主选择课程的权利，从而为学生的个性化发展提供了非常有利的条件。学校自主进行课程开发的权力由三级课程管理体制赋予，能促进学校深入挖掘校本课程资源，从而更好地满足学生的学习需求，这也正是学校特色发展的目标所在。校本课程开发可以对本校的课程资源进行充分的利用和开发，并能有效满足学生的学习需求，同时也需要坚持以人为本的原则，促进学生兴趣和需求的提升，为学生的长远发展创造条件。

（二）校本课程开发是学校特色发展的重要途径

1. 校本课程开发是学校特色发展的基础条件

在传统的单一国家课程为核心的教学体制下，各个学校的发展都循规蹈矩，毫无特色，这无疑会限制学生的快速发展，更对学校的持续发展产生了一定的抑制作用。随着三级课程管理制度的提出，学校也具备了自行开发课程的权力，在以人为本的原则下也使本校的教学资源得以充分利用，为三级课程的有机统一创造了机会，并更好地满足了学生的个性化需求，使学校的课程更加灵活，学校的自主权也更加显著。除此以外，校本课程和地区、学校以及学生的实际需求更为贴近，并重视学生的差异性，校本课程开发更符合实际需要，对学校的特色发展也极为有利。从学校的角度来说，课程开发权力的获取也使得其校本课程充分结合了本校教学资源的优势，有利于发挥本校特色，从而在一定程度上体现了学校的特色化。

任何一个学校都具有独立性，因此校本课程也各有不同，以便更好地符合学生和学校的实际情况，这也是为了更好地体现学校的办学特色而存在的。

2. 校本课程开发是学校特色发展的核心载体

学校的特色发展可以以校本课程开发为核心来进行，并可以依此来不断地完善和改进学校特色发展。学校的特色发展也离不开校本课程开发的支持。校本课程开发是建立在学校的教育理念和办学宗旨之上的，以学校的条件、性质及特征为基础而进行的各种课程实践活动。它既蕴含了学校的传统文化和教学资源优势，也和时代教育发展相吻合，这将有力推动学校特色发展步伐。

（三）学校特色发展是校本课程开发的内在动力与归宿

校本课程开发在学校特色发展中有着举足轻重的作用，两者之间相互促进、相互影响、相互作用。首先，学校的特色发展在很大程度上会受到校本课程开发的影响；其次，校本课程开发也建立在学校特色发展需求上。校本课程开发的一个重要目标就是促进学校的特色发展，同时学校的特色发展也为校本课程开发提供强大的动力，并能促进其获得不断完善和改进。

1. 学校特色发展是校本课程开发的动力

校本课程开发中要尊重全校师生的差异性和独特性，并体现学校的教育哲学，如此才能体现出学校的文化底蕴，从而有利于促进学校特色发展。当然，这也离不开校本课程开发的支撑，它对学校课程体系的完善有着积极的意义。整体性和全面性也是校本课程开发需要遵循的两个重要原则，在开发过程中要充分了解和分析师生的实际需求、学校资源及学校环境，并在学校教育哲学的指导下进行校本课程的开发和研究等。此外，还要注重更新和发展校本课程开发，这样才能和学校特色发展需求相协调，同时也能及时调整和修订校本课程开发，让学校课程体系得以不断完善，从而促进学校特色课程的开发和研究等。

要依托学校的特色办学理念和独特的校本课程体系来促进学校的全面发展，并促进学校特色文化体系的形成，对师生产生潜移默化的作用，为学生整体素质的提升创造机会。同时，这也是学校特色发展的归宿。

2. 学校特色发展是校本课程开发的目标与归宿

学校进行校本课程开发是为了实现学校的特色发展。因此，需要对统一的教学模式予以改变，加强国家三级课程管理制度的推行和普及，让学校在课程开发中具有更大的自主权，从而满足师生多元化的学习需求和差异性发展需求，这也可以为学校的特色发展保驾护航，只有重视校本课程开发，才能更好地促进学校的特色发展，这一理念也获得了王斌等学者的认可。

首先，学校具备自身的个性和特色是学校特色发展和校本课程开发的基础和前提，校本课程开发是骨架课程开发的重要组成部分之一，它的重点就是要充分体现学校的独特性和优势，以便更好地实现特色发展。因此，校本课程开发也是学校特色发展的基石和条件。

其次，从自身条件和特征出发也是学校课程改革需要遵循的首要原则，这样才能更加贴合学生的实际需求来开发校本课程，同时还有利于校本课程体系的不断完善和改进，为多元化人才培养模式的构建创造条件，从而推动学校的特色发展。

校本课程开发是国家三级课程管理制度的一个组成部分，能够充分体现学校的优势和自身特征等，从而促进学校的特色发展，也为学生的持续发展提供了机会。因此，也要求每个学校可以对自身的特色和优势给予正确认识，并在此基础上进行特色化的校本课程开发，为学校的特色发展创造机会。

三、依托校本课程开发推动学校特色发展的思考

学校特色发展有利于促进学校的改革和发展，这也是为了更好地适应社会发展而提出的战略，有利于学生的协调发展，并产生最大化的整体效益。因此，为了确保学校的特色发展得以延续，就需要立足于学校的整体发展来改进和完善其师资素养、校园文化、学校品牌及办学理念等，同时还要不断深入地挖掘内涵，加强创新。

（一）以学校文化为基，为传承铺路

文化是学校办学的一种重要因素。只有具备特色化的学校文化，才能在学校特色发展中获得强大动力。文化具有丰富的内涵，具体来说包括以下三类：一是物质，由环境文化、教育教学设施文化及校园建筑等内容组成，它是学校文化的基础和前提；二是制度，由学校的组织机构、规章制度、课程以及管理体制等组成，它是学校育人功能得以实现的保障条件；三是精神，由校风、行为习惯以及办学思想等内容组成，它是学校文化的精髓和核心所在。学校具有育人的功能，因此从事的活动本身就和文化活动有着不可分割的关系，是师生的信念和价值观的体现，也是学校精神的重要组成内容。学校在特色发展时应积极运用其自身的优势条件和资源，为学

校的长远发展提供强劲的动力，并依托自身具备的文化内涵来促进学校的特色发展。

1. 增强顶层设计，明确学校教育哲学

学校的校本课程开发建立在学校的教育哲学理论基础上。学校的办学宗旨和培养目标都是通过教育哲学来体现，这也是学校教育资源优势、传统办学理念以及师生特征的总体表现。任何学校的教育哲学观念都有所不同，这也成为校本课程开发的一个核心内容，更是学校生命力和活力的体现，是学校特色发展的基础和前提。学校需要强化办学理念，并确认学校的教育哲学。社会的不断发展和个人素质的提升，使学校在发展中面临更多挑战，也迎来更多的发展机遇，为此学校需要加强对自身文化和教育资源优势的开发，明确自己的发展方向，并依托学校的教育哲学理念和教育资料来提升校本课程开发的质量，构建具有特色的课程体系，为学校的特色发展创造条件。

学校独特的教育哲学是学校可持续发展的一个重要条件，也是校本课程开发中的一个重要资源，要将校本课程融入国家课程和地方课程中，并用来指导学校各方面的建设。

2. 挖掘校本课程文化底蕴

学校的特色发展是一项系统工程，需要谨慎对待，作为三级课程体系的一个组成部分，校本课程相较于国家课程和地方课程来说更符合学校的实际情况和师生的真实需求，同时也更能体现学校的文化底蕴、学生发展需求和学校的办学历史等。因此，学校需要对校本课程文化的底蕴进行深入的挖掘，在学校特色发展中充分发挥学校传统文化的价值和作用。其一，需要确认文化基因，深入挖掘本校的课程资源。学校特色发展是建立在学校文化基础之上的，学校应该充分利用自身的历史文化基础来促进其发展，并提炼学校独特的文化因子，将学校的历史和文化传统融合到校本课程开发中，从而更好地确认课程内容和实施方式，在教学实践中不断改进和完善，从而促进学校特色化的课程体系的构建；其二，还要以学校的实际情况为基础，对本土的优势课程资源予以充分的利用，为学校师生的全面提升提供机会，同时还有利于学校特色文化底蕴的形成，促进学校整体效益的提升。

为此，充分发挥课程文化底蕴的价值和作用，完善学校教育理念，加强自身特色文化的建设，是促进学校特色发展的一个重要手段，同时也有利于育人环境的整体提升和优化等。

3. 同步推进课程建设与文化构建

学校课程建设和学校文化构建是学校特色发展中需要同时实施的，这样才能形成特色化的发展道路，而且在这个过程中，两者相互作用、相辅相成。学校文化是学校课程开发的支持和前提，学校课程中应体现出学校文化的独特性，这样才能促进学校特色发展。当然，也只有通过学校课程开发，才能体现出学校文化的价值和作用，才能打造独特性的学校文化，并促进学生整体素质的提升。

（二）建立师生共同愿景，全员参与，共同谋发展

共同愿景是大家共同的心愿和对未来的期望。学校的共同愿景由学校的发展定位、实施路径及发展目标等组成。换句话说，就是学校想要朝着哪个方向发展、发展成什么样、重点培养什么类型的学生等。不能以学校校长或者极少数领导的意愿来确定学校的特色文化建设和校本课程开发方向和内容，而应该考虑全校师生的共同需求和实际情况。同时，还需要树立全校师生学校特色发展的意识，从而将共同理想落实到行动中，加强其共同愿景的影响力和实施力度。

1. 发挥校长的引领作用

在学校特色发展过程中，校长作为指引人，其办学思想在很大程度上也影响着学校的发展。只有校长具备特色化的办学思想，才能促进学校的特色发展，若是校长墨守成规，毫无创新思想，就不可能打造一个特色化的学校。因此，校长应对学校的历史和现状有清晰的认识，并确认学校的办学方向和目标，加强校本课程体系的构建，并积极的发动全校师生都参与到特色发展中。这也使校长面临新的挑战，为此，具备较好的前瞻性教育理念、积极的科研态度以及活跃的创新思维等也是校长必备的素质。

首先，校长要有前瞻性教育思想。苏联著名的教育家苏霍姆林斯基指出：

相对来说，校长对学校教育思想的领导往往要重于其在学校行政上的领导。这也表明，校长需要树立正确的教育思想，并结合自身的见解和认识、学校的优势等来确定学校的办学方向和办学特征等。作为校本课程开发的组织者和领导者，校长起着非常关键的作用，学校的办学行为在很大程度上也会受到校长教育理念和教育思想的影响。因此，校长在确定学校的发展方向时一定要从学校的实际情况和历史沉淀出发。同时，还要能够清楚了解学校的基础、特征及所面临的问题等，合理地定位学校的发展和育人目标，规划学校的长远发展目标，突出办学特色。校长在学校特色发展中既充当领导者的身份，也需要做好实践者和参与者的工作。

其次，校长要有创新精神和科研意识。校长要有突破传统教育思想的意识，并能够积极把握新的教育理念和知识，将学校课程改革落实到位，促进学校办学理念和思想的转变，实现学校的特色发展。此外，科研意识也是校长的基本素养之一，它能够为学校的特色发展提供方向，是学校长远发展的内动力。

2. 教师全员参与

当然，一个好的学校并非有校长一人之力就足够了，而是需要全体师生积极参与。校长的正确领导有利于促进学校的校本课程开发和学校特色发展的进度，并对所有的师生产生积极的促进作用，使学校整体发展得更好。所以，在学校特色发展中不仅要发挥校长的作用，也需要积极发动全体师生和教职工的热情，学校的特色发展也建立在这一基础之上，同时学校也需要努力提升自身竞争力，打造一个学习型团队，为学校的特色发展创造有利条件。

（三）健全校本课程开发的保障系统

校本课程开发就是要给予教师自主决策的权利，这样才能使课程更加符合学校的实际需求，从而也能积极引导所有师生的参与。校本课程开发具有专业性、持续性等特征，科学系统地管理校本课程开发是促进学生全面发展的前提和基础。

1. 构建校本课程资源保障机制

课程要素的来源和实施条件称之为课程资源，即促进校本课程开发和实施的有利的各种校内、校外资源的总和。它包括人力资源如社会人士、校外专家人士、家长，以及资金资源和自然资源等，这些都将有效促进学校的特色发展。为此也应该给予这些资源必要的保障，确保校本课程开发的顺利实施。

一是加强与社区的合作，实现区域资源共享。社区可以产生积极的辅助作用，这一点学校必须予以确认，并对社区的自然环境、人文环境及物质环境进行充分的利用，对学生产生潜移默化的引导作用。

二是加大教育投入力度。经费投入在学校校本课程开发中起着非常关键的作用，学校应该尽可能地获取政府和各方的经费投入，为课程开发提供资金保障。

三是建立课程改革的家庭协作委员会。充分发动家长的作用，让其辅助和支持学校的课程开发。同时学校还可以通过教改项目等方式来促进课程开发的顺利实施。

2. 构建课程领导共同体

课程领导共同体的构建，能使得学校课程建设吸引更多的人参与进来，对各方意见的获取和课程民主化发展都会产生积极的作用，有利于学校课程改革的推进。其一，建立课程审议机制。即评议和审议课程，探讨课程存在的问题并提出解决方案。教师、校长、社区代表和学生作为课程审议的主体，需要在讨论中统一意见，促进机制的平衡发展。其二，构建和完善课程监督机制。对课程改革的各要素关系进行监督和反馈，对于课程改革的推进也是非常有利的。其三构建和完善课程发展机制。随着教育实践的深入，校本课程开发也逐渐完善化，为此需要从实际出发，妥善解决问题，这样才能及时更新、完善课程。

3. 实施师资建设计划

校本课程开发和教师专业发展之间的关系是不可分割的。校本课程开发建立在优秀的学校师资和教师专业发展水平基础上，而校本课程开发水平的提升，也可以反作用于教师专业发展水平的提升。详细来说，二者有以下两个方面的关系：一是校本课程开发使得教师专业发展空间得到了不断的拓展；二是教师专业发展水平的提升，也更好地带动了校本课程开发进度，为学校的特色发展创造了机会。校本课程开发是一项系统和长期的工程，只有具备强劲的新型教师队伍，才能为其提供源源不断的内动力。

一是学校要加大力度建设教师团队。学校在开发教师潜力时要以课程需求为出发点，并让具有一技之长的教师开展跃升性和延伸性课程教学。

二是加强特色教师的打造和落实全员培训。具体来说，可以邀请一些专家来共同探讨课程开发的具体事项。同时还应该积极促进教师参与到培训活动中来，让年轻教师获得快速成长的机会，提升教师团队的整体素质，这对于校本课程开发来说具有积极作用。

三是不断激活教职工专业发展意识，激发参与热情。学校要积极打造学习型和研究型教师队伍，通过各种活动来激励和锻炼教师，从而为校本课程研究的展开提供有利的师资保障，并打造具有较高科研水平的教师队伍。

（四）提升特色知名度，打造学校品牌

学校在办学中所形成的教育理念、服务水平、社会认可度和美誉度被称为学校品牌。它是决定学校教育竞争力和市场占有率的一个关键因素，也是学校发展方向的体现。学校长期积累的文化内涵是学校品牌的基础和前提，为学校的品牌定位创造了条件，同时也是学校对外的公众形象，加强了学校的凝聚力和向心力，有利于提升学校的综合竞争力。

简言之，特色学校建立在学校的特色基础之上，同时学校品牌的形成也离不开学校特色，学校在长期发展中逐步形成自己独特的优势，也是学校品牌的基础条件。只有具备学校特色，才能促进学校品牌的形成，更有利于学校产生社会影响力和号召力，因此突出学校特色非常重要。学校的各个要素如学校名称、教学实力、管理机制、代表性建筑、课程及师生等都蕴含着学校的品牌形象，而学校品牌最核心的内涵还在于特色课程。学校应该加强自身品牌和特色的打造，为其持续发展提供强劲的动力。质量建设、文化建设

以及形象建设是学校品牌建设的三个主要内容，三者之间的关系体现在：基础是质量建设，保障是文化建设，依托是形象建设。打造学校品牌是一个长期且艰巨的任务，既要注重外在塑造，也要重视内在完善，只有不断地提升学校的办学质量，突出特色建设和课程建设，才能让学校的品牌向着更高层次发展。

第二节　教育科研，让学校特色绽放异彩

　　《中国教育改革和发展纲要》中明确提出了"中小学校要办出各自的特色"的要求，这就将中小学特色学校建设的理论与实践问题摆到了广大教育工作者面前。在构建和谐社会的时代背景下，特色学校建设更是被赋予了促进教育均衡发展的深层内涵。

　　经过实践检验后，可以得出以下结论：特色教育科研对特色学校的创建发挥着不可取代的重要作用。经过对国内多家特色知名学校的调研发现，特色教育科研直接促进了这些学校的成功。但整体上来讲，缺乏对特色教育科研价值、重要意义以及与之相联系问题的研究方法的正确认识，对我国特色学校的创建造成了极大的影响，因此，深入探讨特色教育科研的相关问题，对特色学校创建具有十分重要的实践价值。

一、特色教育科研的内涵

　　教育的最高境界在于大力推进教育科研，同时，教育科研的全面展开对于教育改革进程的加快和质量的提升发挥着重要的反作用。在推进教育改革的过程中，中小学特色学校创建始终是其重要的组成部分，因此，从本质上来讲，特色化中小学的创建过程就是全面推进中小学教育科研的过程。所谓"特色教育科研"就是一种以反映教育教学规律、阐述特色学校建设为目的的创造性活动，需要教育工作者在创建特色学校的过程中，提升教育科学理论硬实力，深入探究潜藏在特色教育过程中的重大问题。它主要表现为以下基本特征：

（一）校本性

校本性是就特色教育科研本质提出的一种基本属性。具体化、独特性是每一所学校的特色优势，经过长时间发展变革，各个学校不仅形成了深厚的学校历史，同时也沉淀了源远流长的学校文化。作为学校传统的有机构成，学校特色的养成就得益于这种长期的学校发展积累。因此，开展特色教育科研的核心和灵魂就在于在尊重学校历史文化底蕴、深远文化内涵和优良传统的前提下，重点关注对学校悠久历史文化核心思想的深入剖析和重新建构，以此来彰显学校在新时代的新特色。同时，在确保特色教育科研的进度和效果方面，还要始终贯彻和落实从实际中来，到实际中去的基本理念，这不仅是学校领导、教职工的共同愿望，也需要充分利用各种客观条件，使其在学校原有的基础条件、传统、校风、教师团队素养等土壤中适宜发展。

（二）独特性

从本质上来讲，独特性集中体现了事物之间的差异性。一所学校特色的形成就在于这所学校具备其他学校没有的鲜明个性和独特优势，这些财富足以使其在众多学校中脱颖而出。特色教育科研的独特性在于它对学校品牌特色的彰显，其展现方式在于科研活动的开展和科研成果的获得。作为一项波及范围广、层次多的学校变革活动，建设特色学校的过程总会面对各种各样的问题，其研究对象也会根据面临问题的不同而有所调整，如学校制度的健全、和谐校园关系的营造以及围绕校园教学管理、德育和校本课程的核心展开的课程开发等。但是，与学校开展的一般性教育科研不同，特色研究是特色教育科研的核心内容，其研究对象主要表现为特色学校建设和教育教学实施过程中，学校所应对的突出问题，研究目的主要在于为学校的特色建设实践活动提供服务和指导。因此，学校特色的凸显与建设应当成为学校建设的重要内容，并将其贯穿于学校教学管理、师资队伍建设、学校文化建设、科研等各个层面，针对特色建设中学校教育教学诸多要素的规律性问题进行集中探讨。

（三）主动性

从研究主体的角度来讲，学校人员是特色教育科研的组织者和协调者，以此为中心展开的研究应更加凸显研究的主动性。换句话来讲就是，不同于社会的外在强加和学校的被动接受，特色研究集中体现了学校的办学自主性，即不断开展目的明确、条分缕析的科研探索，来适应自身进步和社会发展的现实需要。校长和教师是学校教育的主导者，在特色教育科研的推进过程中，承担着带动学校科研水平提升的重要职责，对学校的现实情况、现有运行机制、自身的发展现状、历史沉淀的校园文化传统及特定的心理环境有明确认识，不断凸显学校的本体地位，为学校的特色发展制定创新化的长远规划。

二、特色教育科研的价值取向

（一）凝练特色理论

教育科研的重要成果是理论的形成，其最终目标在于为教育实践提供先进、有效的理论指导。因此，教学理论必须保持与教学实践的统一步调，在实践中提炼理论知识成果，并将其应用到教育改革与发展过程中，这也说明了特色理论与特色学校建设实践之间相互影响和相互促进的作用力与反作用力。

理论其实就是针对研究对象的结构体系及构成该对象的各个结构之间相互关系做出的解释，需要经过长期观察才能得出相应结果。而特色理论，顾名思义，就是对研究对象的个性化解释，其形成依赖于两方面因素：一是以现代化的教育理论为指导，在此基础之上，借鉴其他国家在特色教育科研方面的优秀成果和成功经验；二是立足学校校情，深度挖掘和认真探索特色教育科研开展过程中出现的各种问题，并归纳总结问题处理的方法，逐步摸索开展特色教育的客观规律，形成优秀的办学成果。经过长时间的办学实践，学校主体已初步具备了一定的科研经验，但却未曾将这些经验总结与现实的科学研究活动结合，使得成功经验始终停留在体验阶段，无法升华为具有指导意义的科学理论。同时，个人经验具有一定的封闭性和主观性，这就导致学校其他成员在执行过程中的混乱，以及无法形成共同的价值理念。

若想真正发挥特色教育科研对学校特色教育实践活动的指导作用，就必须认真总结过往经验，使之最终上升成为特色化的教学理论。

（二）推进特色实践

作为一项实践性较强的研究活动，中小学教育科研的突出性在于其对学校实践活动与教育研究活动的有机融合，从而建立问题的发现、提升、研究与实践之间的内在联系，并将研究成果应用到学校教育实践活动的改进中。对于特色教育而言，特色理论的获得并不是最终目的，将特色理论转化为学校特色建设的推动力更为重要，也就是说，不仅要理解什么是特色理论，更要明确特设建设的基本内容和实现途径等。因此，特色教育科研的根本在于实现学校特色建设，其基本出发点在于学校的具体现实，只有这样才能确保学校的现实情境通过特色理论展现，其理论成果也才能够切实发挥对教师教育实践的指导作用，从而使教师积累丰富的教学经验。

与此同时，作为融继承性与创新性于一体的智慧结晶，特色学校建设既是对原有束缚的打破，又在构建教育特色体系的过程中融入了学校的优秀教育传统和办学经验，体现了勇于创新、勇于挑战的精神，并最终实现学校特色的不断发展。作为教育改革的重要内容，创新教育集中体现了教育科研活动的客观要求，而特色教育科研有条不紊地正常开展以及对创新化办学思想和教学模式的深入探索也将有效推动学校特色发展的进程。

（三）促进教师发展

中小学教育科研的另一大工作任务在于实现教师的全面发展。学校是特色教育科研开展的基础，要确保教师工作研究与实践并举，同时积极推进学校角色由实施研究的主体向特色科研方向和目标设计决策者的转变。同时，教师也可以通过教育科研、教育反思、教学实践和深入学习的过程，实现自身职业素养的提升和全面发展。因此，无论是对于学校领导的组织决策能力的提升，学校教学管理能力的培养，还是对于教师的个人成长、全面发展，或是对于学校师生的思想修养、职业素养的提升而言，强化特色教育科研的作用都尤其重要。

三、特色教育科研的实施策略

（一）聚焦特色科研问题

问题是一切科学研究的起点，教育科研作为一种科学研究同样如此。作为学校对特色发展方向认识与定位的直接反映，特色科研问题的选择对特色研究价值的实现具有决定性作用。因此，在确定特色科研的选题时，应贯彻以下基本策略：

（1）优势策略。有别于彻底抛弃传统，特色建设更加强调在破旧立新的同时继承传统的优秀养分。经过长时间的办学实践，无论是办学理念、学校管理，还是师资团队打造、环境改善等，我国很多中小学都形成了自身独特的优势，因此，在确定特色科研选题的过程中，可以充分挖掘中小学的这些独特优势。

（2）迁移策略。所谓迁移策略就是充分利用现有的较为先进的教学理论和教学成果，并在此基础上，积极将中西方较有特色的成功教学经验吸纳进特色教育科研中，立足学校实际，将其整合优化成与自身特色学校创建活动相适应的发展策略。

（3）转化策略。所谓转化策略就是实现学校工作中出现的各种问题向特色研究的优势因素的转变。从态度上来讲，最重要的一点就在于应对一些长期存在的薄弱环节时要摒弃以往的消极态度，以更加积极的姿态认真剖析这些问题出现的原因，并制订针对性的解决方案。

（4）层次策略。层次策略要求在学校特色发展研究项目的选择和设计上，要重视不同的层次、角度。比如，新办学校或特色不明显的学校可以着眼于单项特色项目的研究，其他类型学校可以充分挖掘学校的悠久历史或传统特色来实现现有特色的进一步优化，并在此基础上，以实现学校办学文化体系逐渐完善、独特性不断提升为目标，将学校整体的特色发展研究作为学校重点工作内容。

（二）丰富特色科研方式

特色科研方式即特色科研开展的载体，它对提升特色科研水平有重要影响，因此，需要不断提升特色科研开展方式的多样化和丰富性。具体来讲，多样化的特色科研方式主要体现在：

（1）课题带动。作为开展特色科研的重要渠道，特色课题研究一方面壮大了学校特色建设工作的师资力量，极大促进了学校科研水平的整体提升，另一方面在打造特色研究成果方面也充分发挥了全校的集体力量。具体来讲，集中研讨特色课题就是要集中核心力量，集中探讨学校特色发展中的重点问题，在研究目标的制定上更凸显集体合作的形式和课题的中心地位，在理性思考和实践探索特色建设问题时，严格落实科学研究的基本程序和要求。

（2）分层实施。特色科研的内容主要包括两方面内容：一是从整体上研究学校内部各要素及其之间的相互关系，如管理活动、课外活动等；二是从微观角度研究班级文化、优等生等。特色科研的研究主体涉及校方领导、中层干部及普通教师。分层实施策略的制定和施行，就是为了与不同研究主体的研究特点、不同研究问题的不同层次相适应。应基于灵活性和量力性的基本原则，以特色发展的全局观为指导，充分考虑不同人员、不同研究问题的层次、不同的研究目的和需求，提高开展方式的灵活度，既确保科学研究具有较高层次，又能确保参与性研究的普及性和引导作用。

（3）反思研讨。所谓反思，其本质就是教师对问题的发现、思考和解决的过程，是教师批判、有意识分析和再认识教学活动和研究活动的过程。所以，特色科研的一个重要实施方法就是对教师群体普及各种形式的反思研究，如教育案例的撰写、教育日志、教育叙事等。与此同时，多种研讨、交流、对话活动的组织也体现了一定开放性和吸引力。对教师教育智慧的整体提升来讲，在互动研讨过程中，教师之间心得分享、自我反思、彼此互助和专家引领发挥着重要影响力，同时也奠定了建设特色学校的坚实基础。因此，学校要为教师的反思研讨提供各种交流平台，比如线下交流平台（如专家研讨会、学术沙龙、主题论坛等）和线上交流平台（如网络特色论坛、特色建设博客、教师在线研讨等）。

（三）打造特色科研团队

与一般性的教育科研不同，特色教育科研的辐射范围涉及学校中的各个成员，这也就意味着，必须依靠集体的力量来实现学校特色发展战略。所以，作为一种集体协作，特色科研活动的正常有序开展和研究目标的达成需要在集体智慧的努力下实现。可以说，特色科研的研究者其本质是一个极具研究精神、民主平等精神和合作精神的研究团队。从成员构成的角度来讲，它涵盖了教师、学校管理者、高校、科研机构及其他行政管理部门等。特色科研是发生在学校的一种研究活动，因此，其研究主体一定是学校内的教师，教育科研的组织形式多表现为教师团体形式。特色科研活动作为一种探索活动，既具备较强的理论性，又表现出强烈的实践性，因此，其开展既需要以优秀的教学科研经验为指导，又依赖于专业性人才（即掌握教育科学研究方法和专业知识的人才）的专业发挥。因此，从研究方式变革的角度来讲，要坚定优势互补、互利共赢的基本原则，建立以高校、科研机构、行政管理部门为核心的特色科研合作联盟。

（四）营造特色科研文化

作为学校文化的重要组成部分，学校科研文化从本质上来讲是一种研讨氛围、研讨风气，形成于学校行政人员和教师共同开展的教育科研活动实践过程中，集中体现了学校教育改革过程中形成的共同价值观念和理想信念。此外，学校科研文化对教师参与学校科研发挥了一种隐性的渗透作用，即促进了教师意识从无到有、从被动到主动的转变。与此同时，从精神文化层面来讲，学校科研文化对学校文化建设发挥着重要的促进作用。因此，创设独特的科研文化氛围，应当成为开展特色科研工作和建设特色学校文化的重要保障。

第一，特色科研素养的培养。即教师需要具备以下综合素养：①基础的专业素养；②教育科研专业技术能力；③在个人道德素养方面，要保持与学校办学理念和服务宗旨的一致性；④在从事教育科研工作中展现出科研魅力、精神风貌和严谨态度。

第二，特色科研条件的保障。特色科研条件的保障主要涉及必要物品（如研究参考资料、电脑等）、符合特色研究方向的校本研究资源库建设，以及必要的专项经费。

第三，特色科研机构的创建。创建以校长、副校长、教科室主任等为领导的特色科研机构是特色科研工作正常有序开展的核心。以教科室为中心完善特色项目研究管理网络是特色科研工作有效性的重要保障，而专兼职人员的配备则为特色科研工作的组织提供了有效的管理保障。

第四，特色科研管理制度的健全。这里所说的特色科研管理制度是探讨教师围绕特色学校建设核心内容的重要指导力量，如资源管理制度、学习与研讨章程、研讨评价机制等。

作为一项系统化、复杂性、综合性和生成性较强的工程，中小学特色学校创建意味着特色教育科研的动态性，即科学研究、问题发现、制度完善等均要与时代发展和现实情况相结合，更需要学校始终坚定"研究、学习、实践、反思、再实践"的探索道路。

第三节　学校特色发展的必然选择：
校长课程领导力

随着教育改革的深化，学校拥有更多的课程自主权。为了增强课程对学校的适应性，激发学校主动建设课程的积极性和创造性，应该聚焦课程领导力，深化课程改革，促进学校特色发展。这对校长课程领导力提出了更高、更新的要求。

一、校长课程领导力的内涵阐释

校长一个关键的素质就是课程领导力，它是衡量校长专业素质的一个重要指标，同时也是教育改革对校长提出的新的挑战和新的使命，能集中反映出校长的专业水平和课程思想水平。

（1）课程价值的理解力。它能够引导学校课程建设的方向。校长需要在充分了解国家政策与教育方针的前提下，对症下药，进行个性化与特色化的课程改革，同时，还要促进全体师生形成共同意识，重点关注学生成长、教师发展、学校文化建设以及课程资源等，并对学校的人才培养目标予以确认，促进师生深入地认识和解课程资源的价值和意义。

（2）课程内容的研发力。对于学校课程的建设来说，这是关键性因素。校长应根据学校的教育特色、课程研发能力以及办学传统等实际情况进行大胆创新，不断协调和转变教育观念。详细地说就是要对课程愿景进行科学规划，充分挖掘学校课程资源价值，并加强课程体系的构建，促进课程目标的整体化、多元化和差异化。此外，要具备强烈的课程标准意识，不断优化课程内容管理机制，以实现知识和技能的统一化、过程和方法的协调化以及情感态度和价值观的整合化发展。

（3）课程实施的组织力。这是重点反映校长课程领导力的因素。校长需要将课程的整体功能最大程度地发挥出来，要保证在国家课程齐全和地方课程开好的前提下，研究和分析校本课程开发，改进和完善教师教学方法，实现课堂效率的全面提升，并促进课程改革进度。此外，还需要加强对校外有利课程资源的运用和发挥，并调整和完善教学方案和策略，让课程体系更加完善。

（4）课程评价的指引力。它能为校长课程领导力提供必要的保障，有效引导和激励课程的具体实施。校长要具备以过程为立足点来促进发展的意识，这也是以人为本原则的基本要求，从而对学生的发展性评价体系进行不断完善和改进，确定课堂为轴心的评价体系，在终结性评价的基础上既要让师生感受到挑战，也要确保其内在动力补给，为师生的全面提升创造有利机会，加强学校自我发展意识的建立，促进学校提升自我发展能力。

（5）课程文化的构建力。这是校长课程领导力的最终目标所在。课程以文化为核心，通过对文化的标准化选择而产生，是一种精简、提炼的文化。为了有效达成文化建设的目标，就需要将学校课程落实到位，通过长期积累和沉淀而形成自己独特的学校特色。在学校课程文化的构建过程中，校长应该发挥自身的引导和组织作用，吸引全体师生的积极参与，并以团结合作、主动发展、务实创新和以人为本的课程文化建设为最终目标。

二、校长课程领导力提升的基本原则

课程建设过程中校长角色的作用非常关键。他主要是在课程和教学等领域产生较大的引导作用，并对提升学生的学习质量和课程品质负有监督和引导责任，从而促进特殊的课程文化体系的构建。

（1）导向性原则。在衔接国家课程、地方课程及校本课程的过程中，校长课程领导力具有积极引导作用，在选择最适合学校的课程目标中发挥着关键作用。此外，也有效促进了师生正确认识课程改革的宗旨，并在教育改革中进行不断的创新，采用新的教学观念和新的视野来促进学校课程特色的形成。

（2）凝聚性原则。校长是推动和组织学校课程实施的关键性主体。校长在领导课程实施中要对课程和教学资源进行有机的协调和整合，并积极引导课程的设计、开发、实施及评价等过程，将师资力量进行合理的分配，确保课程基本要素能力不断提升，加强教师的专业水平培训，为师生创造一个相对开放、放松和民主的教学环境；合理制定学校课程建设规划，促进全体师生积极参与到课程改革中，促进师资队伍整体水平的提高，让所有人都朝着同一个教学目标前进。

（3）规范性原则。学校是由多层次、多因素组成的一个有机整体。校长需要加强对课程的统一领导作用，这样才能促进课程设置的规范化和有序化发展，才能让校本课程得以顺利实施，同时还需要构建合理有效的评价机制，对教师的教学方法和教学行为予以规范和约束，从而为学生的个性化发展创造更为有利的空间，促进课程实施效益的提升。

（4）辐射性原则。打造一个安全有序的教学环境也是校长课程领导力的一个重要体现，同时它也能确保教学资源的有效供给，让教师的教学得以顺利实施，促进学校课程建设体系的构建，并使师生和家长产生较大凝聚力和向心力，从而促进学校持续有序发展。

三、校长课程领导力提升的有效策略

课程领导具有较强的专业性，除了取决于校长的行政权力，还受校长的自身素质及课程资源的影响。所以，培养并提高校长在课程领导上的素质，是优化课程资源配置和学校课程文化建设的必要条件。

（一）积极提升校长的课程领导素养

第一，增强校长的课程理念创新力。校长应把握整体，反思课程系统，不但要落实学校的课程目标，更要重视其实施过程中的管理和保障；以促进学生的发展为出发点，不但要加强学生的知识理论传授，更要重视技能培养；同时还要监管、评价课程实施的方法和过程，对课程资源进行整合和开发时也要遵循一定的标准，促进各项制度动力的形成，对学校课程和教学工作实行制度化、科学化和规范化管理，提升课程领导能力。

第二，优化校长的课程系统整合力。校长需要正确分析课程标准，对学生的基础和差异性进行了解，以促进学生的德、智、体、美全面发展；要以学生的个性化需求和个体差异为基础，促进学生的自主学习和自主发展，及时转变课程理念；监督及引导教师深度把握课程，树立新课程理念，着重对教师课程开发力的培养；对学校课程改革要有明确的方向与目标，正确认识文化因素对课程实施的影响；对于课程改革，应及时掌握其推进机制，确保课程实施的具体化。

第三，提高校长的课程执行力。校长应从实际出发，以校本资源为依托，进一步加强课程实施，且在实施过程中严格监督，将学校的实际情况与国家课程相结合。具体来说，可以通过以下两点提高校长在课程方面的执行力：第一，实施校本化的课程标准。这就要求在执行国家课程方案时有所创新，在深入理解标准的基础上进行创造。统一的国家标准具有较大的共性，不能有效满足学校的特色发展和学生的个性化需要，因此也会造成其实施难度的加大。为此，校长需要基于这一情况来分析学生和教师的特殊化要求，并为其发展创造有利的环境，从而加强学校课程实施的针对性和创造性，将国家课程方案有效落实到位。第二，加强校本化课程内容的开发。这就要求以学生的素质发展和教师的专业成长为出发点，突出学校的特色发展需求，完善校本课程开发体系，建立科学合理的课程审议、教学管理和课程评价制度，为校本课程的乡土化、个性化和多元化发展创造更广阔的空间。此外，校长要充分利用地方课程资源的优势和价值，尤其是要发挥各种课程资源的优势，不断完善校本课程体系的构建。

（二）持续优化课程资源配置

1. 提升课程规划力：以学校课程计划制订为基础

以学校的课程设置特征、课程内容、实施策略、评价管理及近期目标为基础建立的具有操作性的整体性方案称为学校课程计划。校长应该把握好国家课程和学校实际情况之间的关系，合理规划学校课程，并在学校课程开发设计中融入自己的课程价值观，加强学校课程体系的构建和完善；校长在设计课程目标和课程计划时要基于学校的办学传统、办学特色及课程开设能力，并及时协调和修正规划和现实之间的差异，从而使得课程理想能够圆满地融入现实中。

2. 提升课程实施力：以提高教学有效性为载体

课程实施过程本质上来说也是教学过程，只有通过课程教学实践，才能让课程得以实现，因此立足于课堂也是课程改革的关键所在，这就不得不将教学效率放在核心的位置上。文本课程向实施课程的转变以课堂为依托；只有通过课堂才能将教育理念转变为教学的可操作性的方法、策略，若缺乏课堂教学，再好、再丰富的课程也无法发挥实效。

为此，校长需要做好以下几点工作：

首先，要对教学工作进行统一领导和规划，了解课堂教学的重要性，实实在在地解决课堂教学面临的问题；其次，加强对教学工作的监督力度，对课堂教学的各个方面都应予以重点关注，严格落实新课程的教学，务必使管理教学过程落到实处，确保教学各个环节的贯通性和连续性；再次，引导校本课程的开发，积极发动师生将课程资源的优势利用起来，正确开发校本课程，对先进的课堂教学经验进行总结与借鉴，对课堂教学中所出现的矛盾与问题进行分析与研究，实现上课、备课、辅导及作业等一系列环节的规范化，提高新课程实施水平。最后，从微观层面指导教学工作，加大对课堂教学的关注力度，不断改进教师的教学方式和手段，对学生的学习方式也要给予必要变革，让学生学习更加自主，促进学生的个性化发展，加强培养其创新精神，切实提升课堂教学效率和课堂教学质量。

3. 提升课程研究力：以建立学习型教师团队为根本

教师是课程实施的主体，应该不断加强教师对课程的研究和创新等。教师的专业素养和专业化程度也在很大程度上影响着新课程的具体实施和顺利开展。因此，校长需要对教师参与课程决策和课程改革给予高度的支持，并要求教师树立和新课程共同成长的意识。

首先，要增强教师个人的专业自觉。校长要对教师的主体地位、主动性以及内在需要给予高度重视，同时还要对教师的个人发展目标和自信心的树立给予必要引导，让教师积极树立发展的理念，这样不但能够有效提升教师的专业素养，也能为课程向课堂教学的转变提供强劲的动力。

其次，要组织合作、向上的教师团队。校长要营造团结互助、协调融洽的课程活动氛围，并为各个层次的教师制定各种目标，充分发挥教师在课程实施中的主体地位，同时对教师的个性化特征要予以充分尊重，从而有效促进课程的顺利实施，并让教师获得较高的职业幸福感和满足感。

4. 提升课程协调力：以优化课程资源合力为追求

加强和政府、社会以及家长的沟通和联系，对充分挖掘学校的资源优势，合理利用校外有效资源，促进学校和家庭的合作具有重要意义，这也是校长不可推卸的职责之一，也有利于建立学校、家长、社区一体化的教学环境。此外，校长在校本课程开发中也要积极运用家长和社区资源，为课程实施基地的打造创造条件，并让课程资源得以丰富化和层次化，从而有效推动课程改革，为课程共同体的构建产生积极作用。总而言之，为了充分促进学生的全面发展，校长更应该重视开放、和谐的课程环境的营造。

四、积极推进学校特色课程文化的发展

从关系上说，学校的文化建设与课程改革是互相作用的。虽然课程改革对学校传统文化有着很大的冲击力，但也使学校文化有了新的发展方向。此外，课程改革依托学校文化进行，因此学校文化体系的构建也在很大程度上制约着课程改革的实施。因此，课程改革本质上就是对学校文化的改革。

（1）建构课程文化愿景，提升课程领导的前瞻力。课程改革的不断深入，也引起了人们对文化改革的关注，并将重心转移到了文化取向上。为此促进全校师生统一课程目标和提高课程实施规划情感认同度也是改革的重要问题，这也是课程改革中传播一种开放、科学、平等的管理文化和科研文化

的途径之一。新课程物质文化的重要性也需要得到校长的认可，在课程计划、课程文本、教学指南和课件研制过程中要遵循课程原理的要求，从而确保课程改革的物质资源保障；应该从课程的技术规范、决策方式及实施规则等角度来构建新课程的制度文化体系，并巩固和强化课程改革成果，确保课程体系的不断优化和课程实施的顺利进行；加强营造新课程精神文化，促进全校统一价值追求和精神追求，以前瞻性和创新性的眼光来促进学校课程改革。

（2）提升课程文化精神，提升课程领导的影响力。促进人的整体提升是教育的归宿和落脚点。因此，以人为本也是教育中需要遵守的首要原则。为此在文化建设中要始终以人为主体，促进教育的人性化发展，校长要准确把握课程发展中的问题和矛盾，及时诊断学校文化，提炼其精华部分，促进学校主流文化的形成。此外，对学校亚文化的关注也是校长需要重视的，将亚文化中积极有利的一面进行充分的挖掘，并抑制其负面内容。

（3）弘扬课程文化传统，提升课程领导的发展力。学校经过长期的积累和沉淀才能形成课程文化，而且这个过程是学校全体成员不断认同、实践以及创造中不断完善的过程。它集合了大量的特色经验和闪光点，并且进行了系统化和有序化的组合，产生的品牌价值和影响力也不可估量，能够起到积极的示范意义。因此，在时代的不断发展中，校长只有总结和积累长期的教学经验和教学手段，吸收和借鉴各种积极的课程建设因素，对实施策略和方案进行不断的调整，才能促进课程体系的完善化发展。

（4）推进课程文化民主，提升课程领导的向心力。课程的实施从本质上来说就是不断激发人们的创造性和积极性而产生的。校长需要全面把握学校全体成员的需求和意愿，并营造一个积极、向上、和谐、愉快的文化氛围，充分激发师生的积极性、主动性和想象力，突出师生的主体地位，让其积极参与和构建课程实施，深入挖掘其自我价值和潜力，为人和学校的和谐统一发展创造条件。

不管是学校质量管理还是课程实施，其首要责任人都是校长，而校长除了要对课程团队进行引导运作，还需制定合理的课程实施方案并严格执行，且要监控课程质量等。因此，任何一个校长都应该正确地定位自己，以长远的眼光来看待国家课程、地方课程以及校本课程之间的关系，并促进三者的统一规划、实施，促进课程的顺利改革，为学校的特色发展提供更广阔的空间。

家校合作促进学校特色发展

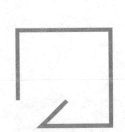

第一节 家校合作的理论依据

合作（cooperation）是一种社会互动的形式，是指两个或两个以上的人或群体为达到共同目的自觉或不自觉地在行动上相互配合的一种互助方式。与家校合作相关的词汇，最常见的是"家长参与""亲师合作""教育介入"等。家校合作可以泛指家长在子女教育过程中，与学校一切可能的互动行为。

一、家校分离理论

持"家校分离"观点的学者认为，孩子在进入学校之前，家庭教育是孩子的主体性教育，在这个阶段，家长在孩子的心目中有极高的威信，家长的一言一行都是孩子模仿的对象，对其一生发展将会产生极为重要的影响。在孩子进入学校接受学校教育后，家庭教育退到了次要的位置，学校教育成为孩子的主体性教育。在学校教育中，学生在教师指导下，接受系统科学的教育。虽然家长和学校都负有教育孩子的责任，但他们并不是天然的合作者，学校往往认为家长参与学校教育是对学校的干涉，因此，双方缺乏真正意义的合作和交流。

爱普斯坦（Joyce L.Epstein）和谢尔顿（S.B.Sheldon）提出，"视学生为孩子"的学校往往采用的是"家校合作"的方式，也就是教育工作者将学生看作孩子。那么，在孩子的教育问题上，学校和家庭就是合作的关系，双方都会承担起对孩子的责任，有着相同的利益，进而全力合作给孩子带来更多更好的机会。而"视孩子为学生"的学校则常采用"家校分离"的方式，即学校只是将孩子看作学生，学校和家庭都希望对方可以负责孩子的教育问题，使得家庭与学校往往相互分离。

二、家庭缺失论与教育机构歧视论

从传统教育社会学的角度来看，不同社会阶层的父母对子女教育的参与程度是不同的，有两种理论可以说明这种差异，分别是"家庭缺失论"（Family Deficiency Theory）（从个人角度出发）及"教育机构歧视论"（Institutional Discrimination Theory）（从制度角度出发）。家庭缺失论认为，若一个家庭的学历水平并不高，同时不注重文化培养，家庭传统和父母都忽略教育，缺乏足够的知识，而且没有长期教育的眼光，就会在子女的教育中没有存在感。该理论的核心问题在于家庭或父母，并没有说明教育机构存在的问题。

教育机构歧视论则是从"制度"方面解释了家长的不同参与程度，并没有让父母承担所有的责任。该理论认为，那些社会阶层不高的父母和学生常常会受到教育机构的轻视，他们的需求常常被忽视。因此，从本质上看是学校对那些低社会阶层的父母存在排斥现象，让他们在子女教育中没有存在感。通过研究可以看出，这些父母在与教师沟通的过程中常常没有自信，或者尽量避免和教师沟通，于是父母自己淘汰了自己；由于教育机构在无意之间否定了低社会阶层父母在子女教育中的参与，因此这些父母就会非常被动，进而没有自信再去参与；若家长的时间都用来争取社会经济条件，就会有"直接排拒"的情况发生，例如，不少单亲家长迫于生计只能从事全职的工作，则工作时间与自身精力都不允许其参与子女的教育。

综上所述，缺乏条件的家长在无形界别的情况下是被子女教育排拒在外的。但实际上并非学校真的轻视他们或他们对子女毫不关心，而是排拒机制让大部分人认为条件不好的家长一定很少参与子女教育，因此其子女成绩也不会好，学校与家长相互责怪，导致双方都认为来自低社会阶层的子女因为条件不好就只能接受现实，于是就出现了这样的结果。

三、社会资本理论

布迪厄（Pierr Bourdieu）将资本分为三种形式：物质形式（如物业、金钱）、内化形式（如知识、态度、技能等）及制度化形式（如学历）。科尔曼（James S.Coleman）在《社会理论的基础》一书中发展了布迪厄关于资本的解释，他的实证研究（《科尔曼报告》采用了经济资本（物质资源方面的量度，包括收入、拥有房屋、拥有名贵汽车、在酒店度假及拥有游艇等昂贵的消费品）、文化资本（世代相传的一般文化背景、知识、性情及技能）和社会资本（基于人际网络的责任与期望、资讯渠道及社会规范）三种形式。

布朗（Alfred radcliffe-Broun）进一步修订了科尔曼的公式，他认为：

学业成就=物质资本×人力资本×社会资本

根据布朗的公式可以发现，学生掌握的知识、技能和态度就是"学业成就"，具备的经济条件以及可用的学习工具就是"物质资本"，如家长可以承担导师的角色，这种人的技能就是"人力资本"，社会成员之间的鼓励、遵守的规范就是"社会资本"。布朗提出，学校若想提升整体素质和学习效率，就应该充分利用和调动这三种资本。科尔曼通过研究社会资本发现，父母的意识形态、亲子关系是否稳定及父母与子女之间的亲密程度这三个因素都会为子女带来相应的社会资本。简单来说，每种形式的资本中体现的父母对子女教育的参与程度也是存在差异的，例如，父母利用收入给子女购买相关书籍以促进他们学习（物资资本），或任职于学校；父母拥有较高的社会地位或者是某个领域的专业人士（社会资本），就可以同学校商议，或是在择校过程中掌握一些关键的信息和资料；父母与教师在交往的过程中也会受到外貌的影响。我们能够从科尔曼及布朗的分析中更加了解家庭与学校之间的关系。

1964年美国詹姆斯·科尔曼教授带领一个研究小组收集了美国各地4000所学校60万学生的数据，进行了美国教育领域最大规模的调研。然后他们对这些调研材料进行了分析，向国会递交了关于教育机会平等（Equality of Educational Opportunity）的报告，这就是美国社会学史和教育史上著名的《科尔曼报告》（以下简称《报告》）。

《报告》指出，从取得的学业成绩看，相比于白人学生，少数民族学生（不包含亚裔）往往较低，这并不是因为学校有不同的物资条件，也不是师资水平存在差异，而是因为少数民族家庭并不具备较好的经济条件，而且文化也较为落后，所以造成这种差异主要是因为家庭和社会资本的不同。因此，科尔曼在研究之后提出，子女成长的社会资本主要涉及三个因素，即父母的意识形态、亲子关系是否稳定及父母与子女之间的亲密程度，之所以会出现教育机会不平等的现象，主要原因并不是学校，而是家庭所处的文化环境，子女的成长与发展离不开社会资本。

《报告》出台后对美国教育产生了巨大的影响，为后来美国普遍实行的家长参与学校教育铺平了道路，如"跟踪计划"（Follow Through Project，1967）、"家庭教育权和隐私法"（Family Educational Rithgts and Privacy Act，1974）等，要求公共教育事业大幅度地向弱势人群倾斜，强调关注处境不利的儿童和家庭的教育机会，积极为他们提供补偿教育和特殊教育来提高他们的学业成绩。尽管该报告在调查方法、论点等方面存在争议，但它仍被公认为20世纪教育与社会问题研究的最重要的报告。

过去数十年，社会资本对家长参与及儿童成长的研究的局限来自社会资本本身。一是由资本概念引申出来的经济、人力和社会资本概念变得含混不清，未能成为确切的分析工具。譬如，除了三种基本资本外，还有学者引申出了象征资本、语言资本、学能资本、学历资本及权力资本等。是把"文化资本"与社经地位相提并论。社经地位不单给予父母文化资本（能力与信心），更为他们带来经济资本（收入）以及社会资本（社会网络），这些都有助家长参与子女教育。三是所有的这些研究，都过分重视家庭背景变量，而将学校和家长参与置为背景，忽视了制度间的相互联系，以及学校、家庭和社区合作时，这三个变量所产生的叠加影响。

但通过研究社会资本仍然能够启发家校合作。当父母来自低社会阶层时，也不是一定会用消极的态度去面对子女教育。部分来自低收入家庭的父母依然会将有限的资源利用在他们能够负担的活动中。科尔曼提出，尽管父母来自低社会阶层，也依然能够有很高的家长参与度。例如，相比于公立学校，美国天主教学校的辍学率并不高，而且有着很高的学术水平，这既有社群归属感的功劳，也可将其看作社会资本，而他们的父母有不少都属于低社会阶层。

通过研究社会资本可以发现，若社会资本来自家校合作，那么子女成长就不会受到来自社区环境及家庭经济地位的很大影响，相比于文化资本和物质资本，社会资本明显更重要。父母在子女身上投入更多的时间与精力，同子女和学校之间保持不间断的联系，而且对子女的学习持支持和鼓励的态度，就会构建起社会网络，从而对子女成长产生促进作用。

东方家长参与子女教育的程度会受到传统文化的影响。例如，"万般皆下品，唯有读书高"是很多中国家长都信奉的观念，因此他们会尽可能腾出时间来关心子女的学习。这也给了我们很好的启示，即中国有着浓郁的文化氛围来进行家校合作。

四、交叠影响域理论

在儿童的教育过程中，自古就有很多关于家庭与学校在其中发挥作用的观点。爱普斯坦（Joyce L.Epstein），这个来自霍普金斯大学NNPS研究中心的科学家在对美国中小学校与家庭和社区之间的关系进行进一步研究后发现，这三者之间应该是良好的伙伴关系。这样不仅可以让学校有更好的教育气氛，使教育实践活动得到完善，还能让父母锻炼出更好的能力来培育子女，让学校、社区和家庭之间建立良好的关系，从而为教师工作提供便利。爱普斯坦认为，之所以要建立伙伴关系，最重要的是它可以让学生无论是在学校还是在之后生活中都能够不轻易失败。因此，学校、家庭和社区要建立这种新的关系。交叠影响域理论（Overlapping Spheres of Influence）就是爱普斯坦等人为此而提出的。

学校、家庭和社区这三个背景对学生的学习和成长非常重要，交叠影响域理论提出这三个背景产生的交互叠加影响会出现在这三者之间以及孩子身上，也就是孩子的学习和成长不仅会受到三者的共同影响，还会受到单独的影响。这个理论的核心在于学生。不可否认的是，无论是教育、学业还是发展，学生都是核心。在这个理论中有一个关键的假设，即若学生感受到他们是被关爱的，且始终激励着他们不断学习，他们就会非常努力地投入到学习中，而且会想尽一切办法留在学校。这并不是确保学生在家庭与学校的关系中肯定会取得成功，而是让他们在这种关系中获得鼓励和引导，从而通过自己来获得成功。

交叠影响域理论超越了传统的"家校分离理论",并发展了"社会资本"的概念。它的重点在于学校、家庭和社区能够给学生带来不同的影响,提出在学校的教育过程中,学生受到的来自家长和社区的影响应该被学校引入。交叠影响域理论在一个大的理论环境中纳入了社会资本概念,让家庭不再成为社会资本研究教育的唯一角度,提出在学生的成长与发展过程中,学校、家庭和社区会带给其叠加的影响力,而且这种影响力可以积累。这种社会资本是全新的,交叠影响域理论会将其储存在内部,并在之后的社会活动和交往中进行投资和消费。

（1）学生在家庭、学校和社区的交叠影响中处于中心地位。学生是学校教育、发展和成功过程中的主角这一事实不容争辩。学校、家庭、社区的合作伙伴关系不可能简单地"生产"成功的学生,但交叠影响可以吸引、引导、激励和激发学生创造自己的成功。研究表明学生在成功的学校、家庭和社区合作伙伴关系中发挥着至关重要的作用。学生通常是父母获得有关学校信息的主要来源。在强有力的合作伙伴计划中,教师帮助学生理解并进行与家庭成员的交流,交流方式可以是传统的（如转发学校通知、家校联系卡）,也可以是创新的（如与家庭成员进行家庭作业方面的互动,用电子邮件与教师交流,参加或主持家长、教师和学生三方会议）。

（2）学校在交叠影响域中起主导作用。也许学校与社区和家庭之间并没有较多的沟通与交流,此时这三种影响域之间是相互分离的状态。也许它们之间产生了很多的沟通与交流,进而缩小了彼此之间的距离。学生能够从学校、社区和家庭三者之间的沟通中获取各种各样的信息,如努力学习的、关于学校的、互相帮助的、创造性思维的,还有上学的重要性等。

（3）家庭般的学校和学校般的家庭。在激活学校、社区和家庭三者之间的关系时,交叠影响域理论对其的描述可以通过两个术语进行。其一是"家庭般的学校",在这样的学校中,家庭和孩子之间存在的差异及家长积极参与的重要性都已经被学校和教职人员充分意识到,学校引导家庭积极参与,并营造和谐、轻松的气氛,让家长和孩子融入进来。包括低社经地位家庭在内的所有家庭都会受到家庭式学校的热烈欢迎。

其二是"学校般的家庭"，这种家庭视每个孩子为学生，强调学校、家庭作业以及开展培养学生技能和成功体验活动的重要性，并在促进孩子学习方面积极支持教师的工作，甚至让孩子在家庭也像在学校那样表现。

当听到有关家庭般的学校和学校般的家庭的概念时，人们可能会回想起学校、教师和社区对他们来说曾经"像家一样"的实例，可能会想起教师曾经如何像家长般地关心他们，发现他们的独特之处，夸奖他们真正的进步。他们可能会回想起家里发生的"学校般"的事情，这些事情支持他们完成功课。他们可能还会记起那些使自己感觉聪明或感觉自己和家庭都不错的社区活动。他们会回想起与父母、兄弟姐妹和其他家庭成员一起乐在其中的教育活动。家庭成员就像教师一样，为他们出色完成学校功课或家庭作业而自豪。

（4）社区，包括一起协作的家长团体，创造学校般的机会、活动和项目，以此加强、认可并奖励学生的进步、创造力、贡献和优秀表现。社区也创造家庭般的环境、服务和活动，以使家庭能够更好地支持孩子。有社区意识的家庭和孩子会帮助邻居和其他家庭。社区的学校或全方位服务学校这一概念正在被人们接受。这类学校指的是上学前后以及上学日都为学生、家长和他人提供项目和服务之地。

学校和社区商谈的项目和服务如果是友好面向家庭的，就意味着它们应当考虑家庭生活的需要和实际情况，意味着这些项目和服务是可行的，并且对所有家庭一视同仁。当所有这类概念结合起来时，学生就能体验学习型社区和有爱心的社区。

总之，交叠影响域理论旨在建立一个学习型社区或关怀型社区，在这里所有的家庭、学生、教师都相信，合作伙伴关系可以帮助学生获得成功。

第二节　家校合作的活动类型与组织

一、家校合作的活动类型

家长参加学校的教育，根据不同标准可分为不同的参与类型。如以家庭、学校、社区为单位的空间地域性参与，个别参与和集体参与则从参与人员数量来加以区分。

教育家爱普斯坦通过对不同学校、不同年级开展的家校合作活动进行收集汇总及深入分析得出这样一个结论，即家校合作活动可以分为六个类型。提出这一结论后，人们发现所有的家校合作活动都能纳入这六个类型中，实践证明了爱普斯坦结论的正确性。这六种类型不是简单的对家校合作活动的区分，它有着十分重要的影响。比如，它可以指导制订家校合作工作计划、维持发展家校合作关系，它更注重家庭、社区参与学校活动的机会，在学生、家长和教师心中产生积极效果。

家校合作活动的六大类型不是凭空想象出来的，而是在不同教育阶段的学生家长参与的活动和众多实践的基础上，分析研究得来的。六大类型中不论哪种类型的活动，都有一个共同的特点，即学校和家庭之间的相互了解与支持。一方面学校必须了解学生的家庭，对家庭合理需求给予支持；另一方面家长同样也需要了解、支持学校工作。在家校合作的实践中，我们对六大类型有了进一步的认识，积累了更多的经验，取得了更好的成绩。如家校合作伙伴关系的原则及一些行动方案实施的步骤等。同时也惊喜地看到，良好的家校伙伴关系，对学校来说，更容易提高教学质量；对学生来说，更容易获得成功。

（一）当好家长

当好家长，即帮助所有家庭建立视孩子为学生的家庭环境。

1. 活动实例

（1）创设良好的家庭学习条件，以适应孩子在不同阶段的学习需求。

（2）设立家长学校，为全体家长进行家庭教育指导培训，以面授、研讨会、录像或网络等形式开展家庭教育讲座。

（3）通过多种媒介，如家长手册、校报、致家长的一封信、学校网站、QQ共享或短信平台等，向家长提供营养、健康、安全、学习辅导和教育福利政策等方面的信息。

（4）学校在调查的基础上，了解家长的需要和其关心的重点问题，提供场地或其他条件，利用社区内志愿者资源，合办家长教育讲座。

（5）向家庭提供社区内有关家庭支援服务的活动和资源信息，如向他们提供选择夏令营、辅导班、兴趣班等方面的信息。

（6）开展特殊时期的家访或讲座，如孩子进入幼儿园、小学、初中、高中前的家访，帮助家长和孩子顺利度过不同学段衔接阶段的适应期；或者在特殊事件后，指导家长如何帮助孩子。

（7）鼓励教职员工向家长宣传维持良好亲子关系的重要性。

（8）建立支持及帮助困难家庭达到学校最低要求的资助政策。

（9）向家长推荐亲子阅读或家庭教育方面的书籍或音像资料，或借阅相关书籍、音像资料给家长。

（10）向需要的家长介绍选择适合各年级学生阅读的课外书的知识，以及各科课外辅导书的使用知识。

2. 相关概念的重定义

（1）"研讨会"形式可以多种多样，不局限于固定时间在校内召开的会议，只要能在任何时间和地点作为观众、听众、读者都算"研讨会"。

（2）介绍辅导班、课外书、教辅书的选择知识时，学校和教师要充分考虑学生的迫切需要、家庭的承受能力，不从中获取私利。

3. 可能的挑战

（1）向所有家庭提供如何当好家长的信息，不仅是在学校参加活动的家长，而是所有需要这些信息的家长。

（2）与家庭分享有关教育、学校和孩子成长方面的信息。

（3）确保所有提供给家庭的信息清晰、有用，与学生的学习成功和行为改善密切相关。

4. 预期结果

学生方面：

（1）理解家长监督，尊敬家长。

（2）通过家庭教育形成积极的个性、习惯。

（3）会合理安排时间用于家庭作业、干家务或其他活动。

（4）良好的或不断提高的出勤率。

（5）意识到教育和学校的重要性。

家长方面：

（1）在孩子学习过程中，对当好家长、孩子发展、家庭学习条件变化有所理解并抱有信心。

（2）提高家庭教育水平，认识到当好家长面临的各种挑战。

（3）感受到来自学校、社区和其他家长的支持。

教师方面：

（1）理解家庭背景及家长对孩子的关切、要求和看法。

（2）尊重家庭的教育贡献和努力。

（3）理解学生的多样性。

（4）了解自己与家长分享孩子成长信息的技巧。

（二）相互交流

相互交流是构建家校双向沟通的有效形式，如交流学校教学和孩子的进步等。

1. 活动实例

（1）利用不同的沟通工具，加强双向接触，如通知、电话、便条、学校网站、班级QQ群等。

（2）相互交流。

（3）家长和孩子一起领取成绩单，并召开学情分析会，与家长一起分享孩子能力和学习意愿的资料。

（4）每周或每月将学生表现联系卡送达家庭供家长评阅，并请家长反馈意见。

（5）向家长提供有关学科要求、学习计划和活动方面的信息。

（6）向家长告知学校家校合作活动的计划，并提醒他们将确定下来的计划标记在日历上。

（7）公开学校有关改革计划、纪律规定、考评制度、办事指南、组织机构等方面的信息。

（8）就学生的正面行为、学业进步与家长沟通，而不只是在有问题时才联系家长。

（9）培养教职员工与家长沟通的技巧，鼓励教职员工重视与家长的双向沟通。

（10）了解家长对孩子作业的看法，并相应地做出调整和反馈。

（11）重视通过各种途径征集家长反馈意见，并在统计、整理或采纳后感谢家长的参与。

（12）鼓励家长之间结成互助联盟，推动家长之间的相互交流。

（13）每年开展面向全体学生的家访，必要时开展跟踪活动，向家庭介绍学校、班级、教师和孩子的情况，了解家庭的背景特点和学生的在家表现。

（14）每年至少召开两次家长会，家长会要考虑家长的工作时间、家务安排等。

（15）组织开展教师与家长、家长与家长之间的联谊活动。

2. 相关概念的重定义

"对学校教学和学生进步的交流"意味着将学校、家庭、学生和社区联系起来的双方、三方和多方交流。

3. 可能的挑战

（1）反思所有通知和其他书面或非书面交流资料的可读性、简洁性、形式和频率。

（2）评估重要交流的质量（如日程安排、会议内容和程序、简报、成绩单和其他交流）。

（3）建立明确的家校双向交流的渠道。

4. 预期结果

学生：

（1）知晓自己的进步，知道需要采取何种行动保持或提高分数。

（2）了解学校在学生表现、出勤率和其他领域对学生行为的政策规定。

（3）对课程和学习计划做出切合实际的明智决定。

（4）知道自己在家校合作关系中的作用：既是信息传递者又是交流者。

家长：

（1）了解学校教学计划和政策。

（2）监督并了解孩子的进步。

（3）对孩子的问题提出有效反馈。

（4）与教师互动，畅通与学校和教师的交流。

教师：

（1）能够与家庭开展多样性交流，并清晰知道自己与家庭沟通的能力。

（2）肯定和使用家长网络进行交流。

（3）更加了解家庭关于孩子学习和进步的观点。

（三）志愿服务

志愿服务是指招募并组织家长志愿者帮助和支持学校工作。

1. 活动实例

（1）对家长的兴趣、专长和空暇时间进行调查，以便在学校各种活动的安排上，协调家长参与志愿工作。既可以专门调查，也可以在发出的通知或致家长的信后附设调查。

（2）制订学校、年级和班级志愿者活动计划，以帮助教师、管理者、学生和其他家长规划志愿活动。

（3）设置专业工作组，为各专业工作组的活动征集志愿者。例如，可按活动类型设课程指导、安全防卫、社会实践、家庭教育、咨询宣传等工作组；也可按目标类型，结合学校发展目标，设学术目标工作组、学生行为改善工作组和学校、家庭合作氛围改善工作组等。

（4）鼓励家长参与学校组织的各项活动，如家长会、个别家长见面会、学校开放日、亲子活动、运动会、开学典礼、毕业典礼、节庆活动、成年礼、升旗仪式、入团入队仪式、竞赛等。

（5）组织对家长志愿者的培训，确保他们了解志愿服务的程序和相关要求。

（6）发展本班家长之间的联系网络，鼓励他们相互沟通与互助。

（7）为家长志愿者提供办公和会议场所、资源。

（8）对家长的参与和志愿者的贡献表示谢意，尊重不同类型的家长参与。

（9）为那些各种原因不能到校参加志愿工作的家长，设计参与志愿工作的方案，以保证他们在家里或者工作单位仍有其他参与途径。

（10）培训教职员工，营造让家长感到受欢迎的氛围，并善于利用家长中的教育资源。

2. 相关概念的重定义

"志愿者"是指任何时间、任何地点支持学校教学和学生活动的任何人，他们参与的活动不仅是指学习日在校内进行的计划和活动，也指他们观看学生活动、体育比赛和表演。

3. 可能的挑战

（1）从家长中广泛招募志愿者以使所有家庭知道学生的教育需要他们共同参与。

（2）为家长志愿者活动提供灵活的日程安排以使有工作的家长也能参与。

（3）培训志愿者。将志愿者的时间、专长与学校、教师和学生需要相匹配。认可志愿者的努力，调动其积极性。

4. 预期结果

学生：

（1）提高与人交流的技能。

（2）通过志愿者辅导，提高知识与技能。

（3）了解家长和其他志愿者的各种技能、能力、专长和贡献。

家长：

（1）体谅和理解教师的工作，增强对学校的适应性和在家完成学校活动的适应性。

（2）提升自己参与学校工作、与孩子打交道时的自信，感受到自我提高。

（3）知晓学校对家庭的欢迎和重视。

（4）提升完成志愿者工作的特别能力。

教师：

（1）以新的方式使所有家长参与学校活动，包括不愿参加的家长。

（2）知晓家长才华以及他们对学校和孩子的期待。

（3）在志愿者的帮助下，更加关注每个学生。

（四）在家学习

在家学习是指向家长提供如何在家帮助学生的信息和观念，包括帮助孩子做家庭作业、完成课程相关活动、进行学习决策和计划。

1. 活动实例

（1）向家长提供学校在每门功课上对学生的要求和期望。

（2）通过校报、学校网站或家长手册等途径，向家长介绍各年级学生需要掌握的知识与解题技巧。

（3）告知家长学校布置家庭作业的基本考虑，以及家长如何在家辅助孩子学习、适当协助并敦促孩子完成家庭作业。

（4）举办个别座谈，帮助家长了解改善孩子学习的技巧，以克服学习困难或增强时间和学习任务管理能力。

（5）定期布置需要学生与家长互动完成的家庭作业，以共同探讨学生课堂所学内容和课堂学习的经验。

（6）向家长分发学校教学挂历，在挂历上标注家长和学生在家所要进行的活动。

（7）家庭在学校的指导下开展数学、科学、社会、音体美和阅读等亲子活动。

（8）学校向学生布置假期作业或活动安排。

（9）鼓励家长参与制订孩子全年的学习目标、升学或工作计划。

（10）鼓励家长和孩子一起讨论确定作息时间表，并敦促其遵守。

（11）鼓励家长带孩子去书店、图书馆以及通过参观博物馆、科技馆等增长见识。

2. 相关概念的重定义

（1）"家庭作业"不仅指独立完成的部分，也指学生在家或社区与他人的互动下完成的部分，它使学业与现实生活相连。

（2）家长在家帮助孩子意味着鼓励、倾听、反馈、表扬、引导、监督和讨论——不仅仅是"教"学校科目。

3. 可能的挑战

（1）设计并实施互动式家庭作业（每周或双周），强调学生通过讨论所学知识向家长汇报的责任，并使家庭知道孩子课堂作业的内容。

（2）当有几门家庭作业时，教师之间要协调作业量，确保不会因为作业太多而使家庭疲于应付。

（3）及时为学生和家庭提供各阶段毕业所需成绩、当前成绩方面的信息。

4. 预期结果

学生：

（1）通过完成家庭作业和课堂作业获得技能、能力，并提高考试分数。

（2）完成家庭作业。

（3）获得对学业的积极态度。

（4）将家长视同于教师，将教师视同于家长。

（5）意识到作为学习者的能力的提高。

家长：

（1）知道每年在家如何支持、鼓励、帮助孩子。

（2）讨论有关学校、课堂作业和家庭作业的话题。

（3）知道每年的学校教学计划，了解孩子每门课程所学的内容。

（4）对教学技能有鉴赏能力。

（5）理解孩子作为学习者的角色。

教师：

（1）更好地设计家庭作业。

（2）尊重家庭时间。

（3）认识到单亲父母、双职工和接受较少正规教育的家庭在激发和增强学生学习积极性方面同样有帮助。

（4）对家庭参与和支持表示满意。

（五）决策

决策是指让家长参与学校决策，培养家长领导者和家长代表。

1. 活动实例

（1）组织家长委员会等家长组织，增强家长的领导力和对学校活动的参与。

（2）对于涉及家长利益的决策、容易引起疑虑或家长关注的事项，向家长提供清晰、易懂、公开的讨论程序和沟通渠道。

（3）为家长和教职员工建立伙伴关系、共同决策提供培训。

（4）通过多种形式向家长征集有关学校发展、管理、教学、活动方面的建议，并及时向全体家长反馈，向有贡献的家长表示感谢。

（5）鼓励家长参与评价教师和部门的工作。

（6）利用学校开放日、家长会、校长接待日，使个别家长的意见和建议得到反映。

（7）在学校显著位置悬挂意见箱，在学校网站设置电子信箱等以方便家长随时对学校提出自己的意见。

（8）进行问卷调查，了解家长对学校工作的满意度。

（9）为家长提供参与决策所需要的背景知识，包括决策本身的知识、现行学校规章制度等资料。

2. 相关概念的重定义

（1）"决策"是一个合作过程，是为完成共同目标分享观点和行动的过程，它不是不同观点间的权力斗争。

（2）"家长领导"具有真正的代表性，他们有机会倾听其他家庭的意见，与之沟通并给予支持。

3. 可能的挑战

（1）家长领导必须具有代表性（要考虑社区、社会经济地位等不同因素）。

（2）为家长领导提供培训，使其能够代表其他家庭，在家长和学校之间起到沟通作用。

（3）让学生和家长拥有决策权。

4. 预期结果

学生：

（1）意识到在学校决策中，自己家庭的代表性。

（2）认识到学生权利的内容。

（3）感受到自己作为学校成员对学校建设与发展的责任。

家长：

（1）对影响孩子教育的政策提出意见和建议。

（2）对学校有归属感，不再说"你们学校"，而说"我们学校"。

（3）知晓在学校决策中家长的声音。

（4）通过联系与其他家庭分享经验。

（5）通晓学校和当地政府的教育政策。

教师：

（1）改善学校管理，推进现代学校制度建设。

（2）明白在政策形成和决策中应考虑家长观点。

（3）在委员会和领导中给予家长代表与教师具有平等的地位。

（六）与社区协作

与社区协作是指识别和整合社区资源与服务，改善学校教学、家庭实践以及学生的学习和成长。

1. 活动实例

（1）向学生和家庭提供社区有关健康、文化、学习、医疗、娱乐、社会支持以及其他资源和服务的信息。

（2）与社区商业机构、服务团体、机关事业单位发展伙伴关系，以提高学生知识水平、促进学生学习或为家庭和学校提供协助。

（3）以学校的名义，为参与学校活动的家长请假，并为需要的家长出具相关证明材料。

（4）培养学生及其家庭参与社区服务的意识与技能。

（5）提供与学习技能和才能有关的社区活动信息，包括学生暑期计划、夏令营、兴趣班、补习班等。

（6）鼓励社区内的居民加入学校的志愿者行列。

（7）向社区宣传学校办学、管理方面的表现，利用社区宣传栏发布学校通知、传播家庭教育知识、展示学校办学成绩。

（8）配合社区建设计划，学生、家庭和学校为社区提供服务，如废品回收利用、艺术、音乐、表演和为老人或其他人开展的活动，或者相关社会管理方面的宣传动员活动。

（9）邀请校友参加为学生服务的发展项目，并以导师身份提供大学和工作计划的信息。

（10）向社区开放学校的体育运动设施、图书资料室、学习或会议场所。

2. 相关概念的重定义

（1）"社区"不仅指学生家庭和学校附近的社区，还指那些影响学生学习发展的社区。

（2）评估"社区"不仅凭社会和经济质量之高低，而且凭支持学生、家庭和学校的优势和资源。

（3）"社区"意味着所有对教育质量感兴趣并受其影响的家庭，而不仅是那些有孩子在校读书的家庭。

3. 可能的挑战

（1）解决有关合作活动的责任、资金、员工和场所等问题。

（2）与社区保持良好的沟通，确保学生和家庭参与社区计划、获得服务的机会。

（3）将社区的教育资源与学校目标相匹配。

4. 预期结果

学生：

（1）通过丰富的课程和课外经验提高技能和才能。

（2）了解职业，并知道如何选择未来的职业。

（3）在与社区联系的过程中，获得有关计划支持、服务和资源。

家长：

（1）家庭和孩子知晓并利用当地资源以提高学习技能，或获得所需的服务。

（2）在社区活动中与其他家庭间良好互动，增进与社区其他家庭的接触。

（3）知道学校在社区中所扮演的角色和社区对学校的贡献。

教师：

（1）意识到社区资源可以丰富课程和教学。

（2）利用家庭教师、社区志愿者和其他人帮助学生并提高教学技巧。

（3）有效地将学生和家庭推荐给所需的服务。

二、家校合作的组织

建立学校合作的组织是将家校合作工作制度化的基础和主要手段。这里介绍的程序是班级家长委员会—学校家长代表大会—学校家长委员会—年级（学部）家长委员会。实践中多数学校也是根据这个程序做的，但根据具体情况也有不同的做法。

（一）家长委员会

社会的进步与发展离不开监督，学校也是如此。"家长委员会"，顾名思义就是由家长组成的一个团体，它的成立是为了监督学校工作，同时也是学校与家长之间沟通交流的桥梁。可见，家长委员会是由在校学生的家长所组成的群众性自治机构，其成员由家长从愿意担任委员会成员的志愿者中选举产生。家长委员会和全国人大代表大会一样，根据家长的个人意愿，在选举的基础上产生。同时，也要兼具代表的全面性，每个阶层都有人员代表，代表着不同家庭背景的家长。根据政策的规定，学校可以设立学校家长委员会、班级家长委员会，有的学校规模较大，包含的年级也多，可以设立年级家长委员会等。

1. 班级家长委员会

家长委员会最小的组成单元——班级家长委员会，一般设会长1名，委员人数不等，4～8人均可。班级家长委员会是在班主任的组织和指导下，由班级内部全体家长选举产生。班级家长委员会成员可以参加学校家长委员会的选举，成为学校家长委员会成员后，也可兼任班级家长委员会委员。班级家长委员会由班主任负责召集、组织。

2. 年级家长委员会

是否设置年级家长委员会，主要看学校的规模大小，同一个年级不少于9个班级时，或有年级分组时，就可以考虑设置年级家长委员会了。

年级家长委员会的构成和班级家长委员会构成一样，都是由1名会长和若干名会员组成。不同的是，年级家长委员会的成员从本年级学生家长中产生。需要注意的是，年级家长委员会的会长，必须是学校家长委员会的成员，年级家长委员会的成员必须是班级家长委员会的会长。这样规定的目的一方面是为了方便学校家长委员会开展工作，制订的工作计划和活动能够有序完成，以防止学校家长委员会成为虚设；另一方面年级家长委员会的委员直接由本年级各班家长委员会的会长担任，可以精简程序，提高管理效率。

年级家长委员会每学年至少应召开一次会议或组织活动一次，在学校的指导下由会长召集开展。起始年级（一般指学校的最低年级，如小学、初中或高中一年级）的家长与孩子需要适应学校生活一样，也需要适应性方面的指导，因此起始年级家长委员会会议或活动可以由高年级家长委员会辅助或联合开展。

年级家长委员会的职责：

（1）协助年级开展教育教学活动，并提供改进建议。

（2）协助学校和家长委员会开展本年级（或年级间）的家庭教育指导工作。

（3）协助学校处理重大偶发事件，协调学校、教师、学生及家长间的争议。

（4）提案并执行家长代表大会及学校家长委员会的决议。

（5）其他有关年级、学部家长会的事项。

小学附设有幼儿园，或者九年一贯制学校，或者完全中学甚至十二年制学校，由于各个学部的区别特征显著，可以考虑分设学部家长委员会。学校设置学部家长委员会的，因其作用和性质与年级家长委员会类似，因此其设置办法参照年级家长委员会的设置办法执行。为了精简程序，设置了学部家长委员会的学校，就不必再设置年级家长委员会。

综上，年级家长委员会的成立不需要专门的民主推选程序，其委员来自本年级各班家长委员会的会长，其会长来自在学校家长委员会中的本年级家长委员。

3. 学校家长委员会

学校家长代表大会是家长组织的最高领导与决策机关，由各班家长代表组成。学校家长代表大会行使的职权之一就是选举产生学校家长委员会。家长代表大会闭会期间，由学校家长委员会代行其职权。

家长代表大会每学年至少召开一次，在学校的组织和指导下，在秋季开学后四周内召开，校长及教师代表列席。

（1）建立学校家长委员会。

登记各班上报的家长代表名单，将其按照班级的顺序整理后挂到学校网站的家校合作栏中。能担任家长代表、家长委员会委员的人，是具备一定能力的人。这个能力体现在以下几个方面：一个是管理能力、协调能力；另一个是办事能力，有责任心，办事不偏不倚；同时，还应该是一个热爱教育、热爱学生，具有奉献精神的人能得到其他家长的信任。

召开学校家长代表大会之前，学校需要开会研究相关事宜，确定开会时间、地点、议程、会务组织、外部联络等。与会务组织涉及会场布置、流程安排、材料准备、与会人员报到登记、人员导引、后勤保障等；外部联络涉及通知发布（参照上节相关内容）、宣传报道（向区域内的媒体、向上级领导部门、通过学校网站或者校报等向本校学生家长、向社区公众）、校外安保（指导家长停放车辆、疏散散发传单的商业机构工作人员、阻止乱丢乱扔等）、邀请领导或专家等。这些工作都需要安排专人负责，以确保会议进展顺利。

确定家长代表大会的议程，首先需要知道家长代表大会具有的权力。家长代表大会有以下几种权力：第一，修改章程的权力。第二，监督权。学校要向家长代表大会做工作报告，由家长提出意见和建议。第三，选举权和罢免权，学校家长委员会会长、副会长、委员的任免由家长代表大会决定。

参加家长代表大会的家长代表应达到代表总人数的三分之一以上，会议决议需经超过半数出席人员通过方为有效。同一人当选不同班级学生家长代表时，其选举权及表决权以一人计算。选举结果需要向本校全体学生家长发布，并按照规定向教育行政主管部门报告和备案。

学校家长委员会的委员由家长代表大会推选。其规模根据学校年级的数量而定，委员的分布也应兼顾各年级的代表性。

学校家长委员会设会长（主任委员）1名、副会长（副主任委员）若干名。

（2）学校家长委员会的运行。

学校家长委员会可以连选连任，一般情况下没有特别要求，每届家长委员会的任期是三年。如果学生离开了学校，无论是转学还是毕业，如果其家长是家长委员会成员或家长代表，那么家长的身份不再保留。对会长还有特殊的要求，如会长任期还没有届满时，其子女离开学校，会长需要提前递交辞呈，一般是提前两周，由家长委员会再选举他人主持工作。辞职委员根据家长委员会工作的需要和本人意愿，可以改任名誉会长、顾问等职。

学校家长委员会也应当定期召开会议。其中全体会议每学期不少于一次，在新任会长当选的一个月内召开首次会议，邀请校长和教师代表参会。学校家长委员会的召集有两种方式：一种是会长召集，另一种是家长委员会三分之一以上人同意召开。其中，第二种方式是会长在位期间不召开或者不能召开会议时启动的，并推选一人负责主持会议。

学校家长委员会在对在学校开展的每项工作进行总结和汇报。学校家长委员会的另一项工作就是开展优秀家长评选表彰活动。

学校家长代表大会的代表、学校家长委员会委员的当选证书，各专业组组长，各级委员会会长、副会长、名誉会长和顾问的聘书，由学校颁发。

家长委员会的名誉会长和顾问也是促进家长委员会发展、支持学校工作的重要力量。成员主要来源有：①往届学校家长委员会的会长、委员等。他们由于任期届满、子女毕业、转学等原因无法继续担任职务，可以名誉会长或顾问的角色参与家长委员会工作。②对学校或家长委员会有影响的专业人士和热心人士。他们虽非本校学生家长，也可被聘请为名誉会长和顾问。

（3）学校家长委员会的章程。

学校家长委员会是一个自治性组织，应当有自己的组织章程，并将章程及相关文件报主管教育行政部门备案。一个完整的章程由以下几项内容构成：第一，目标与宗旨；第二，组织与职责；第三，权利与义务；第四，规章制度；第五，其他。

（4）学校家长委员会的职责。

第一，参与学校管理。学校在规划和发展上、工作计划安排上，应听取家长委员会的意见和建议。鼓励家长为学校的发展建言献策，为学校解决问题。

第二，加强学校和学生、家长之间的联系。家长委员会作为学生家长和学校沟通交流的桥梁，要积极向其他学生家长了解学生在校外的表现，学生对学校和教师的意见，同时也要向家长传达学校教师对学生的肯定和赞扬；就学生遇到的困难和问题，以及家长反映的情况，及时和学校沟通，共同解决问题，避免学生、家长和学校沟通不畅，产生消极影响。

第三，参与学校教育活动。学校的教务会议可以邀请家长委员会委员参加，利用家长的专业优势，为教学活动注入活力和灵感。同时还可以邀请家长旁听教师的课程，评价教师的教学活动，完善学校和教师的教育教学活动。

第四，关注学生安全教育。学生安全无小事，学生的家长作为监护人一定要重视。家长委员会要在学生家长中引导和宣传安全教育。同时，加强对学校安全工作的监督，认真检查学校安全设施，保障学生在校的安全，避免安全事故的发生。

第五，督促落实学生减负号召。现在学生的课业压力是有目共睹的，家长委员会一方面要引导家长，改变他们的思想，不要给孩子过多的压力，更不能拔苗助长；另一方面，督促学校落实教育部门关于减轻学生课业负担的通知精神，为学校减负提供意见和建议。家长委员会要与学生家长和学校一起，响应素质教育，给孩子一个美好的童年。

第六，在家长群体中宣传正确的教育观。家长委员会成员应不断学习新的教育知识，为家长宣传正确的教育理念。在学校的帮助下，组织学生家长进行专业教育知识学习。发挥家长委员会的优势，用通俗易懂的语言，使家长能够听得懂、听得进、掌握正确的教育理念。

第七，执行家长代表大会的决议。家长代表大会是家长委员会的决策机关，家长代表大会做出的决议，家长委员会应当按照要求落实，认真开展工作。

第八，履行家长委员会的义务。家长委员会作为家长的代表，要遵纪守法，在法律政策允许的范围内开展相关活动。禁止利用家长委员会的名义从事有悖于法律法规和社会道德的事情，如收受钱财、妨碍正常教学活动等。

4. 专业工作组

专业工作组是家长向学校提供资源的主要方式，是家长参与学校工作的有效形式，对家长参与学校的工作特别重要，在一定程度上关系到家长委员会工作开展的成败。（详见下面"联合行动委员会"的相关内容）

（二）联合行动委员会

校委会，即学校校务委员会，是学校最高的领导机构；家委会，即学校家长委员会，是家长代表的最高领导机构。这两个系统之间的沟通交流、互动是否顺畅，关系到家校合作所能发挥出来的作用大小。两者之间互通有无需要有一个中介，这个中介就是联合行动委员会。通过联合行动委员会，可以将这两个系统连接起来，实现及时、顺畅的信息传导，能更好地发挥家长的积极主动性和家校合作的优势。

1. 学校家校合作联合行动委员会

根据已有的实践和总结的经验来看，联合行动委员会在家校合作中能发挥巨大作用，提高家校合作的成效。联合行动委员会，应当由多方人员组成，不仅仅学校、教师和家长参与进来，还应邀请社区工作人员和社会各界热爱教育的代表人士参与其中，形成一个稳定的组织结构。

人数：6～12人。

人员构成：1～2名学校领导或更多、2～3名家长委员会领导或更多、1～2名学生社团领袖（高中）、1～2名社区领袖或更多。

期限：2～3年（可延长），有成员离开时，可遴选替补。

领导：校长或学校家长委员会主席。

联合行动委员会不同于家长委员会，二者之间有联系，但又是不同的两个组织。联合行动委员会是在学校校务委员会和家长委员会之间搭建的桥梁，为它们提供沟通协调的平台，在人员构成和工作职能方面与家长委员会具有明显区别。联合行动委员会和联席会议制度也不相同，它是一个独立于学校和家长的机构，可以防止学校的治理过程中出现一套人马、两个牌子的弊端。

在人员组成的类别上，联合行动委员会的组成人员类别比家长委员会人员类别丰富。联合委员会由家长、教师、学生、社区工作人员等组成。为了能更好地落实家校合作的工作计划，联合行动委员会的成员应包括校委会的领导、家委会的主要成员、社区领导、学生社团领导。这样规定是为了方便沟通联系，落实相关政策。

由于我们设计的家校合作行动框架主要在于通过专业工作组开展工作，而专业工作组行动的推动者仅仅依靠家长委员会已经难以胜任，需要建立联合行动委员会来推动。

2. 专业工作组

（1）专业工作组的性质。

专业工作组隶属于学校联合行动委员会或家长委员会，其组长（或称专业联合行动委员会主席）由联合行动委员会成员或家长委员会委员担任，组员由有意愿并具有相应才能的家长、教师、社区人员等组成，必要时可招募临时志愿者。专业工作组是向学校提供资源、支持学校教育工作的主要力量，是家校合作的行动臂膀。专业工作组在学校联合行动委员会或家长委员会的指导下计划、实施、评估并持续改善家校合作活动。专业工作组在实施具体活动时的行动者包括教师、管理者、家长和学生，还可能包括商业伙伴和社区伙伴，他们组成专业工作组的联合行动委员会。

学校的家校合作行动计划如果采用目标导向，那么有几个目标就有几个专业工作组。如果采用实践类型导向，那就有相应类型的专业工作组。联合行动委员会（或家长委员会）就是专业工作组的领导者和推动者，联合行动委员会或家长委员会的成员可以在专业工作组中任职。

（2）主要成员。

每一次家校合作活动都有大量的工作要完成，许多个人、团体和委员会必须分享领导权，共同出谋划策，才能将活动计划好、执行好并使尽可能多的家庭都参与进来，因而非专业工作组成员也可以被指定为具体活动的领导。

人数：6～12名。

人员构成：2～3名教师或更多、2～3名家庭代表或更多（代表性）、1～2名学生（高中）、1～2名其他成员或更多（如护士、心理咨询师、社区成员）。

期限：2～3年（可延长），有成员离开时，可遴选替补。

至少有1名家长代表也为校委会服务。

领导：成员中的任何人都可以担任负责执行具体目标、参与类型、计划活动的领导，非专业工作组成员也能被指定为具体活动的领导。

（3）主要工作职责。

专业工作组在幼儿园、小学、初中和高中撰写家校合作的行动计划，执行并协调家校合作的活动，监测活动质量的改善或学生成长的进步，解决问题，并将学校的家校合作活动向校委会或校长、家委会、联合行动委员会或与之类似的组织和领导者进行汇报。专业工作组并非独自工作，他们会在必要时招募其他教师、学生、管理者、家长和社区成员、家长联络人、专家或顾问、地方行政人员和其他领导或参与家庭和社区活动的人士。

专业工作组计划并具体实施家校合作的相关活动，包括能保持下来并能逐年改进的年度活动，也包括由专业工作组、校长和不同年级的教师个人或教师团体开发并实施的新活动。

　　具体地说，专业工作组的主要工作包括：选择专业工作组的组织方式，基于六种参与类型或具体的学校改进目标来组织工作（见下一部分）；选择或选举专业工作组的组长、组员、临时志愿者等人员；以服务于学校的年度工作计划或工作要点为基础，撰写详细的年度行动计划以促进家校合作，这个行动计划的活动请参考六种参与类型的活动举例，这些参与类型通过多种方式将家庭和社区包含进来，营造友好氛围并帮助学生达到目标，让详细的行动计划成为学校工作计划的正式部分或附件；确认支持一年行动计划所需的资源；定期会面，确保计划和活动不断改进，评估之前所实施的活动；若有需要，设立专业工作组分组，完成行动计划目标中的分目标；为专业工作组工作设立目标和指导方针，包括小组成员如何交流、讨论观点、解决问题和决策；每学期或更频繁地向学校委员会或家长委员会、全体教员和其他相关组织汇报工作进展和成就；向家长、学生和教师甚至社区宣传行动计划和实践；所有教师、家长、学校员工、社区成员和学生都应知道他们可以如何帮助选择、设计、执行、受益于并评估学校合作活动；认可并赞赏家长、其他家庭成员、学生和社区为行动计划的实现贡献的力量；评估计划进展以改进行动的实施质量，提高各种参与活动结果的进度。在整个学年通过年度评估活动（见下一部分）反思每个已执行的活动；为下一年行动计划中的新活动收集来自家长、家长组织、教师和其他伙伴的意见，以小组形式讨论这些意见；解决那些阻碍行动计划进展的问题；每年撰写一个新的年度行动计划，确保行动计划在学校生活和工作中持续进行，使详细的新行动计划成为学校改进计划的正式部分或附件；用新成员代替离开的成员，这样一来，完整的小组就总能做设计和执行好的行动计划。

　　要维持专业工作组的有效运行和行动计划的实现，每年都要进行以上活动。通过执行这些活动，专业工作组使每个人知道学校拥有一个明确、积极的家校合作行动计划。学校每年的行动计划活动的数量和质量以及活动产生的效果都会逐年得到改善。

　　（4）要组建哪些专业工作组。

　　可按活动类型设课程指导、安全防卫、社会实践、家庭教育、咨询宣传等工作组，也可按目标类型设学术目标工作组、学生行为改善工作组和学校、家庭合作氛围改善工作组等。亦即专业工作组可按照六种参与类型或学校改进目标来组建。我们将前一种专业工作组的组建方法称为"类型导向方法"，后一种称为"目标导向方法"。选择哪种方法决定了专业工作组的职责和目标、决定了专业工作组如何撰写一年的行动计划，以及如何评估执行结果。

（5）专业工作组如何成为一个高效小组。

专业工作组的成员包括家长、教师、管理者、学生、社区伙伴等。他们彼此相识、学习各自的专长和才华、制定交流的基本规则、计划并执行活动、评估活动、分享成功、解决问题、代替已离开的成员、不断改进计划和进程以维持工作组的工作。只有一个运作良好的工作组才能达到既定目标。

根据组织理论，专业工作组将通过若干个发展阶段才能成为一个有效的小组：

第一，开始形成、经历挫折、遵守规则和有效行动。专业工作组的发展不仅需要一个良好的开端，还要减少冲突、制定规则和程序，并采取行动。有些专业工作组发展十分迅速或超越了某些阶段，但它们也能取得成功；也有些工作组发展缓慢但平稳，或者受到阻碍甚至无法运作。当增加新成员时，有的专业工作组仍然强大并有效，但有的则在继续工作之前必须改编或重建小组。

第二，获得良好开端。小组成立伊始，小组成员往往有着很高的成功期望，但他们对小组使命或责任、自己的角色和职责有很多疑问。小组成员必须学习他人的专长和才华，建立相互交流的基本规则。每年都可能有新成员加入以代替那些已离开学校的前小组成员或壮大小组队伍。因此，每年都必须重新强调小组的使命和目标，即使小组成员保持稳定，也要反思计划和目标，甚至调整小组成员的角色和职责。

第三，选择小组组长、成员和合作者十分重要。组长应该选择有组织协调能力的领导者，这样所有成员相互交流和行动就会更容易。

小组成立之后，小组成员应当获得相关的培训或指导，以便尽快了解自己的使命和责任，熟悉工作程序和规则。至少小组成员第一次会面时，校长、家长委员会会长应该参与讨论小组的责任、表示支持并列出小组工作可用的资源。

第四，减少冲突。如果专业工作组责任不明晰或一年行动计划没有提出重要目标，那么小组成员就不明白他们为何在小组工作。如果小组会议并非定期举行或计划得不好，小组成员就会批判小组领导人并质疑自己参与小组的价值。如果家长委员会及专业工作组都能够撰写一个着眼于重要目标的一年行动计划，而且这个计划可以通过创新、有效、愉快的参与而达成，那么小组成员的顾虑和疑惑就会减少或消除。小组必须定期举行会议，只有这样才能计划所要开展的活动并评估已执行的活动。

第五，必须在每学年结束前为下一学年撰写一年行动计划，召开会议反思并调整行动计划。为小组自身的建设而开展的活动可以在需要时执行，比如联谊会、座谈会等，这些活动促使成员重视良好的小组工作所需要的重要标准、规则和技能，如相互聆听、讨论不同观点、尊重不同意见等。

第六，制定规则和程序。当一年的行动计划获得通过时，遵守规则的阶段就开始了。最好能为专业工作组更有效地执行计划分配具体的成员角色，如书记员、会务员和联络人员等。小组成员应为相互倾听、征求意见、提出不同观点、讨论解决问题的办法、赞成或妥协方案、决策设定程序和规则。小组工作的规则能帮助小组成员建立互信和互相尊重，加强小组完成工作应有的合作精神。

第七，采取行动。每一个专业工作组都有责任减少冲突、采取行动，通过各种方式使家庭和社区参与进来。如果小组成员了解行动目标，知道自己和其他人的职责与才能，遵循互动原则和合作原则，通过合作与交流共同完成计划好的活动，评估活动的质量和结果并表彰成功，那么专业工作组在任何情况下都能成为一个高绩效的行动团队。

（6）专业工作组的会议制度。

专业工作组开会的次数应适宜——不要太多也不要太少——应根据实际情况定期安排。建立专业工作组的会议制度时可以考虑以下几点建议：

第一，专业工作组领导会议。是指所有专业工作组的组长、校方代表、联合行动委员会和家长委员会领导机构成员参与的会议。领导会议的参加者每两个月至少应会面一至两个小时。列席会议的最好也包括学校管理者、教师、临时志愿者等。每次会议都应有一个计划良好的议事日程以强化专业工作组的工作并不断向前推进。领导会议应撰写、反思并修订一年行动计划；关注专业工作组的进展；评估上次会议后执行的活动；讨论下期的活动安排；设计推广策略和其他交流策略；确认并解决问题；在学年末进行评估；庆祝成功；完成其他事务。

第二，专业工作组成员会议。各专业工作组负责为一年行动计划中的不同部分制订计划、监督执行情况和进行评估。这些专业工作组要么是按照参与类型导向建立的，要么是根据目标导向建立的。专业工作组的成员应当按需经常集会，关注小组新成员；建立小组精神；确保成员成功地计划、执行其所负责的活动。

第三，专业工作组小组会议。这些小组是为了实现专业工作组的分目标而设立的。各小组也必须及时组织会议，来计划、执行或管理一年行动计划中的每一项活动。

学校和家长委员会的领导人在会前就要将会议议程知会各位参会人员，准备场地，提醒成员参会，邀请特殊嘉宾，并保证未参加会议的成员也能知晓会议进展和任务，还要扮演其他领导角色。

各专业工作组应定期（至少一年两次）向学校和家长委员会进行汇报，让所有教师、家长、学生和社区成员都知道学校的家校合作计划、活动和进展。定期汇报，与学校组织进行讨论也是收集信息和意见的重要机会。

学校领导、家长委员会会长以及各专业工作组组长应通过各种媒体向家庭、学生和社区推广、宣传家校合作行动计划、活动和进展，促进他们的理解、支持和参与。

3. 其他组织

家校合作的组织形式很多，有正式的也有非正式的，有些学校尤其是城市学校建立的校友会等，在联系学校与社会（社区）方面的作用也值得关注。

校友是指在同一学校就读的学生，包括已经毕业的学生和在校就读的学生，广义的校友还包括曾经和正在服务学校的教职员工。而校友会是校友们自愿组成的非营利性、自治性的校友联谊或学术性团体。它处于母校和校友之间，因此它的中心任务之一就是为母校建设和发展服务；同时，作为广大校友参加的组织，它的另一个中心任务是为校友服务。

校友会的建立与管理在很多高校已经有非常成熟的经验。多数学校利用校庆的机会组织建立校友会，往往由学校的某个机构（可能是学校的组织机构，也可能是临时组建的机构）负责收集校友信息，汇总整理并编辑成册，校友会的秘书机构则常常通过推选方式产生。这些做法，中小学、幼儿园也可以借鉴，我们在这里只是简单介绍其在家校合作中的作用。

学校为校友提供声誉、情感和知识资源，而校友为学校提供人力资源、信息资源和教育资源。校友的社会阅历、创业历程与人生体验本身就是一部生动的教材。一个个有所作为的优秀校友，就是一个个榜样，他们对在校学生可以起到很好的示范和教育作用，可以激励在校学生刻苦学习。在我们推广的家校合作实践框架内，校友在很多活动中都可以发挥作用。比如指导家庭教育、提供社会活动资源、举办专业讲座、为学校或家庭提供资助等。

第三节　家校合作助推学校发展的路径

一、家校合作存在的问题

现阶段，家校合作教育在我国尚处于探索阶段，教师和家长在教育的思想和方式方法上都有很大不同，因此，家庭和学校面临着意见难以统一的局面。

（一）学校方面存在的问题

（1）家校合作的方式单调，时间安排随意。英国的教授摩根根据家长的参与程度将家校合作方式分为三个层次：①低参与性层次，如设置家长联系簿、召开家长会、举办学生作业的展示展览等；②高参与性层次，如经常进行家访、组织课外活动、组织家长参加课堂教学活动、帮助学校筹措经费等；③以正式组织的形式参与，如成立家长咨询委员会等组织。现阶段，我国大多数家校合作的方式处于第一层次，形式单调，主要形式是家长会，没有完整的计划，缺乏系统管理。

（2）家校合作内容单一，缺乏双向沟通。我国小学的家校合作方式主要是召开家长会和发送校迅通短信，两种方式都是单向沟通。家长会的形式，基本上是班主任主持，向家长通报班级所有学生的学习情况和在校表现，家长提问和发言时间非常有限。这种形式的家长会，家长们几乎无法全面了解自家孩子在校的真实情况，家校合作的互动性和效果大打折扣。

（3）家校双方职责不明确，欠缺合作意识。行动之前需要意识先行。由于传统的教育观念已经无法保证家校合作的顺利开展。因此，在家校合作中，学校应当积极转变观念，重新定位学校和教师在家校合作中承担的责任。学校大家庭中始终有家长的位置，家校合作中，要秉持平等的家校合作观。家长应当正确认识教育问题，主动承担相应的教育职责，关心关注孩子的学习和生活，而不是全部指望学校对孩子进行全方位教育。

（二）家庭方面存在的问题

（1）家长缺乏认识。家校合作，"家"是第一位的，但现实状况是家庭往往不能充分履行教育职责。有的家长不积极参加学校组织的活动甚至将其视为负担。理想状态下的家校合作是家校之间配合融洽，学校是组织者，家长是参与者，学校组织的多种形式的教育活动家长应积极主动地参加。

（2）家长参与程度不够。当前，家长参与较多的学校活动大多是硬性活动，如募捐、改善办学条件等，对学校的教学工作和管理工作家长很少触及，因此家长并没有充分参与学校教育活动。为了激发家长参与学校活动的热情和积极性，学校应增强教育活动的吸引力，通过开展多种形式的教育活动，获取家长关注，循序渐进地激发家长的参与热情。

（3）家长的综合素质需进一步提高。家长的综合素质直接影响家校合作的效果和质量。家长对孩子进行教育时，应当学习多方面的知识，认识和掌握孩子成长发育各个阶段的特点和规律；相反，如果家长的教育违背正常的教育发展规律，社会对孩子产生负面影响。相关研究结果显示，家长接受教育的水平直接影响其对孩子的教育水平或能力。

二、家校合作的主要途径

学校应重视教师和家长的有效沟通，通过积极开展相关活动使家长切实参与学校教学和管理的相关事务，家长在亲身经历后，会更加了解和认同学校的教育目标、教育理念和教育方法。

（一）开办家校论坛

通过举办家校论坛，指导家长教育孩子的方式。学校可以邀请相关方面的专家定期到学校为家长授课。由于不同年龄段孩子的身心发展特点不同，教育孩子需要采取不同的方式方法，应对不同年龄阶段的家长进行针对性的辅导，使家长掌握正确的教育方法。学校可以每学期开设一季家校论坛，邀请教师、家长、专家、作家共同参与，使学校教育和家庭教育有效合作，发挥最佳效果。

（二）组建家长义工团队

学生家长从事着各种职业，拥有非常丰富的专业知识、技术以及社会经历，可以充分利用这个优势，成立家长义工团队，补充学校教育。家长义工团队积极参与学校的组织、管理和建设，建言献策，营造适合学生学习生活的良好环境。家长义工团队由各个方面的志愿者组建而成，有安全方面的、摄影方面的、读书推广方面的。例如，下午放学时间段，安全志愿者可以和校警共同负责维护学校门口的交通秩序，保证学生放学时通道安全畅通，这也逐渐成为学校带有标志性的风景线。

（三）组织丰富的教育活动

（1）组织家长经验交流活动。根据班级情况，组织召开校级或班级的家长经验交流会，邀请优秀家长向大家分享他们教育孩子的观念和体会，促使越来越多的家长重视孩子的家庭教育。每个学期都应有规定的家长会，学校应重视对家长会这个规定活动的设计安排，将学校自选活动充分融合进来。对家庭教育表现突出、培养出优秀学生的家长，学校应鼓励他们走到大家面前，向其他家长分享和传授自身对家庭教育的心得体会。

（2）组织读书交流活动。读书是促进家校沟通的桥梁。给家长推荐教师和学生都喜欢的图书，家长会更加关注这些图书，书中传递的教育理念便会在家庭和学校之间产生互通和交流的机会。学校应积极组织多种形式的读书交流活动，吸引学生家长参与，如读书示范、读书积累、家校论坛、特色校报、图书漂流、自助书柜、自主阅读、习作练笔、家庭阅读、推阅天使等。

（3）组织校园活动。学校可以开展形式多样、内容丰富的校园活动，学生的综合能力可以通过校园活动得到锻炼和提升，家长也可以获得更多陪伴和关注孩子成长的机会。例如，通过开展最美家书活动，家长用最传统、久违的书写形式写下对孩子的期望和嘱托，家长与孩子的亲情得到升华；通过录制最美家教微视频，家长透过镜头观察、了解孩子，感受与孩子的互动。通过一系列活动引领，很多家长意识到他们的陪伴对孩子的成长非常重要。家长与孩子的感情越好，家庭氛围也就越轻松愉快。

（四）开拓家校交流渠道

（1）设立网络家庭教育交流群。网络家庭教育交流群会开展相关主题的研究，从理论基础与实践指导两方面为家庭教育提供帮助。例如，可以邀请专家同步开展课堂教学和网络交流，家长可以通过家校合作交流群提问，专家在线答疑解惑，还可以提供在线辅导，帮助家长改善亲子关系。

（2）充分利用互联网资源。学校和家长应充分、高效地利用电子邮件、QQ群、微信、博客等互联网资源进行沟通交流。开设两级微信沟通平台——学校和班级，班主任要做到随时和家长保持沟通，进行良性互动，在互联网上实现开放办学。

（3）设计具有特色的校报、校刊。校报、校刊是组成校园文化的重要元素，校报、校刊可展示教师、学生、家长的风貌，提高师生的综合素质，传达学校信息，使学生形成正确的人生观、价值观。

第四章 4

校园文化促进学校
特色发展

第一节　校园文化特色建设的意义与目标分析

一、校园文化特色建设的意义

校园文化是一种群体文化，是学校发展进程中创造的物质财富和精神财富的总和。它具有无形的教育功能，对师生的思想品质、道德情操都有潜移默化的影响。有　个很好的比喻，校园文化就好比是一条河道，具有很强的规范性，它引导着师生员工的"行为之水"流向蔚蓝色的大海。校园文化特色建设，是学校一项长期的、深层次的、高品位的建设工作。要建设一流品牌学校就需要发展校园文化特色，学校发展必然与校园文化特色建设紧密相连。校园文化特色建设以育人为本，以培养具有中华民族灵魂和世界眼光的现代人为总目标。因此，校园文化特色建设不是可有可无的事，不是自生自灭的事，不是顺其自然的事，更不是朝三暮四的事，而是需要几任或历任校长的执着引领，需要全体师生的共同营造，并逐步形成全校的共识和全社会的认同。

校园文化以学校精神为核心，通过各种有效的途径形成统一的价值链，使学校的使命、愿景和理念形成影响学校发展的价值观，并落实到师生认同的思维方式、行为准则、道德规范等，最终升华为全体师生为之奋斗的信仰。一所有特色的名校应有自己的学校精神，也即特色的校园文化；而特色的校园文化形成过程是一个从宣传灌输至仿效接纳的循环过程，也是师生深化目标、协调行为、体验价值、创造和谐的过程。这种生生不息的过程是学校不断发展，保持核心竞争力的关键因素。如果没有校园文化的提炼、总结、整合与积淀，就很难实现学校的可持续发展，就不可能使学校沿着有名有品的方向发展。校园文化特色一旦形成，就会产生巨大的力量，它能使教师和学生的心灵得到净化，心志得到改善，情操得到陶冶，视野得到拓宽，品位得到提升，那些消极、颓废的文化就能得到有效抑制。可以说，校园文化特色是特色学校、品牌学校的生命所在。

校园文化特色有优劣之分，适应学校发展的文化才是优秀文化。如果一所学校无法塑造出适合学校生存的优秀文化，进而用这种文化来促进学校的管理和发展的话，那么这所学校是难以成为一所真正意义上的品牌学校、特色学校的。事实上，所有名校都有适合自己的优秀文化；有了优秀文化，才能产生优秀的学校。从这个意义上说，校园文化特色是品牌学校发展的灵魂，它决定着学校的发展方向、发展策略、发展前途，也影响着学校人才培养的结果与特色。

二、校园文化特色建设的目标

校园文化作为文化的一部分，它的形成和发展与民族传统文化的形成与发展是同步的。同时校园文化必然要随着时间的推移而不断发展、不断更新、不断进化。一个学校的文化特色就是在其不断发展、更新、进化中逐步形成的，具有地方性、连续性、发展性。它包括学校特有的教育理念、办学宗旨、办学者对学校管理制度和办学模式及办学特色的设计、特有的教师群体和学生个体的塑造模式，并在管理制度、物质环境、教学活动设计等学校各方面活动中得以体现。

第二节　校园文化特色的建设途径探索

通常情况下，校园文化特色的建设是一个长期发展的过程，主要经历从内到外、从深到浅等过程。可以将校园文化大致分为精神文化、物质文化、制度文化及行为文化四大类型。精神文化在校园文化中占据重要地位，可谓校园文化建设的核心与基础，其他校园文化类型对校园文化特色建设工作也具有重要意义，是精神文化建设的基础与载体。

一、校园精神文化特色建设

对于不同的学校而言，由于教育方针、教育目标存在一定差异，因此校园精神文化特色建设的内容与形式也会有所不同。值得一提的是，尽管学校的教学风格各不相同，但生命意识却基本相同，生命意识在校园文化建设过程中扮演着十分重要的角色。

（1）精心设计学校个性化标志。学校标志是学校精神的外在集中反映，是校园文化建设的灵魂。因此，无论是校徽的制作、校训的确定、校歌的创作、校刊的编辑、校服的设计，还是校园建筑、办公室、教室的文化布置，都要充分体现学校精神文化的特色内涵。

（2）努力营造师生本土化的精神家园。学校精神文化，概括地说是指学校群体的共同理想和价值取向。在校园精神文化特色建设过程中，学校的所有成员都是精神文化的主体，他们个体的认识、情感、意志、行为、能力、气质及实践活动，都能显示出其文化特征，从而构成一个个校园"文化体"和"文化群"，成为学校精神形成的基础。对分散的"文化体"和"文化群"的意识形态进行整合和提升，并形成学校内涵精神，并非一日之功，而是经历倡导、实践、提炼、再实践、升华、发扬光大的过程，这个过程尽管可能是漫长的、复杂的，但是只要学校的全体成员持之以恒地坚持下去，就一定能取得成效，让校园文化成为一种持续的教育力量，为团队共同创造，反过来又影响团队里每一个成员。

在校园精神文化特色建设过程中，实施方式发挥着至关重要的作用，其有效性直接影响整个建设的进程。实施方式的制定应遵循具体化、形象化的原则，绝不能搞形式主义、表象主义。学校可以组织学生学习党史知识、唱国歌、戴团徽，注重学生精神文化的培养，开展形式多样、内容丰富的校园活动，充分调动学生学习的积极性。学校精神通常情况下会以学生和教师仪态的形式呈现给社会，因此学校应高度重视教师综合素养以及综合能力的提升。除此之外，学校也需要正确引导教师和学生树立良好的个人风貌，进而形成相对和谐的校园氛围。学校精神实质上是一种主导意识，这种意识的形成并不是在短时间内完成的，而是一个长期积累的过程。校园精神文化特色建设的影响因素众多，如家庭因素、学校因素、个人因素、社会因素等。校园精神文化特色建设还与当前社会发展息息相关，优越的社会环境能够对校园精神文化特色建设起到一定推动作用。综上所述，学校应当冲破传统教育思维的束缚，逐步建立开放、多元的育人方案，将社会、家庭、学校融为一体，从全方位、多角度为学生的成长保驾护航，充分发挥时代优势，将时代精神渗透进校园文化生活中，为校园精神文化注入新的动力。

二、校园物质文化特色建设

经济基础决定上层建筑，物质文化建设可谓学校发展的重要推力，校园物质文化主要包括师生所创造的一系列物质设施，这些物质设施不仅能够为正常教学活动的开展奠定基础，还能够启迪人的情感。校园物质文化特色能够体现本学校与其他学校的不同，主要体现在校风校训、校内设施、标识等方面。校园物质文化也会对师生的情感、品质起到潜移默化的作用。

（一）学校环境特色建设

优越的学习环境及良好的学习氛围有助于提升学生学习效率，并能为教师提供适宜办公的平台。学校环境直接对教师、学生的情绪产生一定影响。恶劣的环境会让人心情烦躁，甚至可能影响学习效率；而清新、宜人的环境能够让人感到神清气爽，并且还能够陶冶人的情操。因此，创建优越的工作、学习环境，对提升师生工作质量、学习效率具有重要作用。学校建筑作为校园内部装饰的一大要素，不同于社会生活中的其他建筑，应当具备一定的教育意义或文化内涵，应当体现某种校园文化精神或者教育目标，能够实现人与人、思想与建筑之间的高度统一。校内建筑还需要具备一定实用性，能够为学生的活动提供场所，学生能够在校内建筑中进行信息交流及资源共享。

每一所学校可以根据自身的历史传承、地理位置、周边环境、价值导向、目标设定营造富有本校文化特色的校园环境，以构成校园文化特色的最外显的基础。

（二）校园文化设施特色建设

学校的文化设施是现代校园文化的主要内容之一，是体现学校风范的一个主要侧面。因此，必须借助企业的CI设计，以学校的核心价值观为依据设计校园文化设施。

1. 学校图书馆建设

学校里可能什么都很充裕，但倘若没有人的全面发展和其丰富的精神生活所需要的书籍，那就还不算是学校；相反，学校可能许多东西都缺，许多方面都可能是微不足道的、简陋的，但如果有永远为我们打开知识世界之窗的书籍，这就是学校了——苏霍姆林斯基的话音犹在，而这也充分道出了图书馆在校园文化建设中的重要地位。在图书馆建设过程中，应该充分注意以下几个方面：一是注重图书资料的丰富性。从体裁上说，可容纳小说、童话、故事、科普知识等类读物；从学科上说，可以涵盖语文、数学、英语、体育、美术、音乐等学科。二是注重图书资料的及时更新。"什么东西都可以旧，但人的思想不能旧"，外界信息瞬息万变，新生事物层出不穷，师生接触的读本也应与时俱进。二是注重图书资料的使用率。应建立行之有效的图书借阅制度，保证全体师生阅读的权利；可设置电子阅览室，让读者便捷地获取阅读的相关信息；可设置开放书架，让读者有自由选择的途径。学校图书馆建设，不但要求拥有一流的馆舍、馆藏、技术、设备等，更要有一流的管理和一流的服务。要完善图书馆的读者服务职能，强化服务意识、改善服务态度、提高服务质量、调整服务方向。要依法治馆，以德治馆，建立竞争激励机制，加强管理队伍建设，创建良好的内外环境，有体现学校核心价值的自身文化特色。

2. 教室图书柜建设

成立班级图书室，由学校统一设计并制作教室图书柜，并建立有关的规章制度，使班级里的图书能正常有序的流通。班级读书柜里的书主要有三个来源：一是向学校图书室借一部分；二是学生从家中带一部分，每位学生把家里看过的书（一般每人10本）放入班级图书柜，互相交换看，学期结束时领回；三是师生共同出资订购一部分报纸、杂志。学校还可以加大班级图书室的开放力度，尝试推行不同年级内班级之间的图书借阅制度。由各班代表定期到他班集中借阅图书，并做好借阅登记，同时允许他班学生代表到自己班级借阅，做到互惠互利，使每个班的学生都能阅读到更多的好书、新书。

3. 学校网络建设

随着多媒体计算机在教育教学过程中的普遍应用，校园网络的建设提到了重要的议事日程，必须作为校园文化设施建设的内容之一。首先，要加强教师继续教育信息化环境的建设，探索校园网络环境下教师培训的新模式以及校内外交流的模式，尽快使更多的教师熟悉和适应信息时代的教学新环境，不断提高教师继续教育的信息化程度和水平。其次，借助校园网络建设，为学生的阅读活动打开广阔的空间，学校、家庭都应为学生创造相应的条件，充分发挥学校网络的各种优势，根据不同年级学生的阅读能力和鉴别能力，向学生推荐健康有益的网站，在规定的时间内，浏览相关的网页，了解国内外发生的大事、要闻，初步感受生活的精彩纷呈和世界的复杂多变。同时在网络浏览式阅读中培养学生基本的阅读方法和能力，积累丰富的语言和文化。

4. 学校走廊（墙体）文化建设

依据校园文化建设的需要，在校园内适当挖掘体现学校精神文化的走廊（墙体）文化，也可大大丰富校园物质文化，从而发挥对师生员工潜移默化的教育作用。

三、校园制度文化特色建设

学校组织结构，包括正式组织结构和非正式组织结构，它们均是校园文化的载体。学校管理制度是学校在教育实践过程中所制定的、起规范保证作用的各种规章制度。上述两者构成了学校的制度文化，体现了学校个体特有的管理理念、人文精神、发展目标、运行效度等。

在学校建立后，建设者首先应当充分了解当时教育的发展状况，并制定一系列规章制度，这些制度能够在一定程度上对学生步入正轨起到推动作用。对于普通学校而言，规章制度相对单一、传统，绝大多数制度都是模仿而来的，并没有形成多元、有针对性的方针政策。因此，学校的决策者应当高度重视相关政策的制定，不断学习并引进其他学校先进的管理制度及办学理念，结合本学校状况，最终制定出特色化、高质量的办学制度。

其次，选择合适的时间，将校园文化渗透到教学过程中，形成本校独有的制度文化，然而这需要保障机制充分发挥作用。学校在发展过程中，应不断挖掘自身潜能，建立适合本校发展的方针政策，确立本校的奋斗目标及长期发展规划，这样才能够形成真正意义上的制度文化，进而对学生、教师产生影响。当然，制度文化的确立只能保证当前校园发展处于相对平稳的状态，要实现学校的可持续发展，还需要每位师生的共同努力，让制度文化绽放无限光芒。

四、校园行为文化特色建设

除了上述提到的校园精神文化、物质文化、制度文化，校园行为文化也是校园文化的重要组成部分。行为文化主要体现在师生的仪态、精神面貌以及人际交往中，行为文化与精神文化密切联系。前者在一定程度上是后者的重要体现，在所处环境以及历史背景的影响下，校园行为文化具有鲜明的亚文化特点，当然，校园行为文化也具有一定规定性、先进性、教化性及辐射性。

下面就其特性的具体内容展开论述：①先进性。此特性主要受到主体和客体的影响，校园文化在二者的共同影响下不断发展。如果主体的文化水平相对较高，就能够更好地把握先进的思想及高尚的品德，就能够顺应时代的发展，传承并弘扬优秀的文化。②规定性。校园文化的形成会受到社会体制、文化背景的影响，因此校园行为文化表现出了亚文化的特性。除此之外，校园文化还会受到经济状况、社会发展等众多因素的影响。③教化性。学校是文化传播的重要场所，教育的最终目的是培养高素质的人才，这也使校园文化具备一定教化性。④辐射性。在校园文化中，校风、学风对学生成长具有重要意义，校园文化的辐射性体现在课堂教学内容、管理制度对全体教师、学生的影响。

基于以上校园行为文化的一些基本特征，每所学校可从以下几种行为文化入手，进行校园文化特色建设的尝试和探索：

（1）同心协力：学校教职员工相互协作。

（2）尝试新事物：教学是一种充满智慧的有意义的活动，教学管理人员应激励广大教师勇于尝试新的思想和技巧。

（3）高期望：学校教师和管理人员不断追求卓越，并对学校给予高期望。

（4）信任与信心：教学管理人员与家长信任教师的专业判断与承诺，教师有信心促进自己专业能力的发展，设计恰当的教学活动。

（5）明确的支持：教师在教学改革过程中需要支持时，学校及管理人员能够给予时间与资源方面的支持。

（6）具有知识基础：教师具有丰富的教学技巧、教学方法以及关于学生学习、认知与情感发展的知识基础，而且这些知识基础具有实用性和可行性。

（7）赏识与认可：在学校活动中，教师有良好的教学表现，应得到认可与鼓励。

（8）关怀、庆祝与幽默：学校不定期举办各种庆祝会，体现彼此的关心，对同事有幽默感，形成一种和谐的气氛。

（9）参与决策：鼓励教师参与学校决策，激发教职员工的凝聚力与向心力。

（10）维护学校的重要之事：教学与学习是学校的重要之事，管理人员应将各种会议与行政事务减压到最低程度，以免影响教学。

（11）传统：任何学校都有自己的传统，这些传统或表现在学校仪式上，或表现在学校活动上，它们是学校生活的一部分。

（12）诚实、开放性沟通：教职员工坦诚相见，彼此诚恳地表达意见，避免无谓的猜忌。

第三节　特色班级及其文化建设研究

随着基础教育新课程的实施，发展学生综合素质，促进学生个性全面发展已经成为学校教育追求的共同目标。为实现这一目标，学校教育中的特色班级建设是一个很好的载体，因为特色班级建设是一门潜在的课程，对构建健康文明、富有特色的班级文化，满足学生发展的内在需求，培养学生良好的行为习惯等方面往往起到"润物细无声"的作用。特色班级建设，关键在于充分张扬学生个性，大力促进学生全面发展；也直接关系到特色学校的品牌，关系到学校的持续性发展。因此，搞好特色班级建设，是搞好特色学校的重中之重。

一、特色班级建设的目标、内容和要求

（一）特色班级建设的指导思想与目标

特色班级建设是在一般班级建设的基础上，以《基础教育课程改革纲要（试行）》精神为指导，全面贯彻党的教育方针，为努力推进素质教育，体现时代要求，发展学生个性而开展一系列教育教学活动的班级建设。

特色班级建设的目标：以育人为本，以学生为主体，师生共同参与；通过班级建设活动，培养学生热爱科学、崇尚文明、遵纪守法，乐于学习、团结友爱、善于交往，具有社会责任感和良好心理素质。

（二）特色班级建设的内容

构建达到素质教育标准的基础教育课程体系是基础教育课程在改革中的最终任务，而课程中包含了四个因素，即教师、学生、教材及环境，学生会在这个教

育空间中得到发展。因此，新课程要将以下这些内容融入学校特色班级建设中。

（1）营造体现新课程的班级文化氛围。学生的大部分校园生活都是在班级中度过的。班级营造的良好文化氛围也能够带来很好的教育效果。新课程的理念之一就是营造良好的校园环境，让学生形成正确的价值观和人生观，因此建设班级文化环境就成为学校的重点。例如，在布置班级文化环境时要立足学生当前的年龄和特点，为学生营造一个积极、和谐的氛围，在让学生身心得到健康发展的同时，可以更加积极向上。

（2）建立适应新课程的班级活动形式。学生的校园生活离不开班级活动，班级活动对学生的影响非常特别。新课程不仅将重点放在了学生的探究式合作学习上，还同时强调实践活动，这可以培养学生良好的生活和行为方式。因此，无论是班级活动的内容还是形式，都要将重心放在学生身上，实现学生的不断发展，组织学生参与各种各样的教育教学实践活动；同时要以学生的经验为基础，让学生充分感受和体验。

（3）创建符合新课程的班级管理制度。在特色班级建设中，不可缺少的就是特色班级管理制度，这对学生发展有着很大的影响。传统班级管理制度的重点在于要让学生服从和适应，而在新课程的要求下，班级制度则要立足于学生的发展。因此，班级管理制度的改革势在必行，并要符合学生的发展需要。例如，实施岗位轮换制度，让学生能够进行自我教育，为将来走向社会做好准备，提升自身的责任感；教师可以引导学生一起完成班级公约的制定，让学生提高自身的民主意识。

（4）创办突出新课程的班级建设特色。个性化的班级管理是新课程对班级建设提出的新要求，要让班级活动充满特色，为教育教学营造一个良好的氛围，让每个班级都有自己的风格。

（三）特色班级建设的要求

第一，要重视班级环境布置，突出班级环境的趣味性和人文性。每学期开学初要组织学生共同布置班级环境（新班级环境应在新生入学前由教师完成布置任务），定期出黑板报，也可组织和引导学生给自己的班级命名，突出班级精神和班级特色。

第二，要改革由教师包办代替的空洞说教的管教式的班级活动模式，建立由师生共同参与，学生自我教育、自我管理的班级活动新模式。各班要搞好每周一节的班会活动，要精心引导学生进行活动，原则上每月举行一次主题班会。班级活动内容要围绕基础教育课程改革目标，以行为习惯养成教育、落实《公民道德建设实施纲要》阶段性班级工作、重大节日纪念活动等内容为中心。班级活动主题要贴近学生的生活实际和已有经验。活动内容的选择和组织要适应学生身心发展水平并能促进学生的进一步发展。要重视挖掘所在市、社区、学校丰富的教育资源，用身边人、身边事教育和感染学生。可采用讨论、演讲、竞赛、展示、欣赏、小品、操作、综合、访谈、考察、调研等丰富多彩的形式，同时适时走出课堂，走出校门，参加社会实践活动，从而发展学生个性和发挥学生潜能，培养学生的实践能力和社会责任感。

第三，在特色班级建设中，班主任扮演的应是引导者、协调者及合作者的角色。班主任应该充分发挥导师的作用，积极开展班级活动，同时让学生的身心得到健康发展；班主任不仅要协调好学校与家庭之间的关系，还要协调好各个任课教师与本班之间的关系；此外，班主任和学生应该通力合作。班主任工作是科学和艺术的综合体，这就意味着班主任要有良好的师德，不断学习新的观念，心胸宽广，给予学生足够的尊重和理解，对自己的工作充满责任感。

第四，特色班级建设应成为班级教育教学人员全体参与的工作，每位教师都要关心、支持并投入到班级建设的活动中去。

第五，学生的个性发展离不开特色班级，因此要进一步建设特色班级文化，从这点来看，特色班级文化能够在很大程度上促进学生的个性发展。因此，充分研究班级文化，在特色班级建设的过程中融入课程改革理念，这无论从理论上还是从实践上都对学生的个性发展有着十分重要的意义。

二、特色班级文化建设的意义与要求

（一）特色班级文化建设在学生个性发展中的意义

1. 发展学生个性是当代社会发展的必然要求

20世纪50年代以来，科学技术迅猛发展，知识经济时代已经到来，社会生活和经济文化更是呈现出多元化的发展趋势，引发了人们思维方式、行为方式、学习方式乃至生活方式的巨大变化。这就必然要求生活于其中的人要有独立的意识、自主的精神和独特的个性。

各个国家在当下教育改革中有一个相同的价值取向，就是在实现人的全面发展的同时培养个性，这是基于教育当前的状况和实践进行的选择，教育要与社会发展相适应。我国当前正在进行的基础教育课程改革的重点是不仅要培养出拥有创新精神的人，还要使其具备良好的实践能力及独特的个性。

特色班级不仅为学生的个性化和社会化提供了良好的环境，还是学生发展个性的重要地点。以往班级管理只重视集体、共性和理智，从而忽视了个体、个性和情感，对学生的个性发展非常不利，这是跟不上时代的脚步的。因此，在实施基础教育新课程的过程中，要将特色班级文化建设放在首位，实现学生的个性发展及全面发展，这是班级教育管理要达到的最终目的。

2. 特色班级文化建设在学生个性发展中的积极效应

特色班级文化建设是班级教师和学生在班级活动和交往过程中形成的理想信念、价值取向、思维方式、行为方式、群体心理及其物化的表现形式。特色班级文化建设包含班级的物质文化和精神文化建设、学生文化和教师文化建设、群体文化和个体文化建设。特色班级文化建设对班级学生个性的发展具有积极的效应，具体表现在以下几个方面：

（1）导向效应。特色班级文化建设集中反映了一个班级的精神风貌，体现了大部分学生相同的行为方式和价值观念，这种导向效应能够在很大程度上影响学生的言行。学生个体及班级集体的行为都会受到班级文化的影响，同时还会为班级发展指明方向。当班级文化积极向上时，学生就会自觉地承担起自身的责任，从而对集体有所期待。有经验的班主任总是善于利用这种班级文化的导向效应，达到引导学生行为的目的。例如，著名的教育改革家魏书生，在开展班级教育管理的过程中，通过给学生提出基本的座位自由组合原则——"一是有利于学习，二是两相情愿"，给学生充分的自主空间，引导学生学会自我教育、自我调控、自主管理，产生了很好的效果，使学生学会了"从科学的角度研究人与人的组合，研究坐的位置"，形成了为了学习、为了发展、为了共同进步，科学、理智地选择和组合座位的共识和氛围。

（2）驱动效应。特色班级文化建设带来的驱动效应也能影响学生的行为。积极向上的班级文化也会促使学生不断进步，驱动班级和学生的共同发展。学生在驱动效应下可以增加信心，积极与同学交流，渴望成功，从而形成班级学生之间良好的互动。北京四中丁榕老师设计的开学系列教育活动——"开学四把火"，把开学教育活动分解为四个既相对独立，又相互联系的活动。第一把"火"——"总结与回顾"展览会；第二把"火"——"展望与思考"记者招待会；第三把"火"——"理想与追求"讨论会；第四把"火"——"团结与奋斗"谈心会。通过这"四会"，学生充分感受到集体的力量、集体的希望，激发了学生积极向上、不断前进的热情。尤其是"团结与奋斗"谈心会，使学生的心紧紧地联系在一起，从而产生强烈的责任感和集体荣誉感，激发了学生为集体利益尽自己最大努力的强烈愿望。

（3）规范效应。班级传统、班风和舆论都能够在特色班级文化建设中得到体现，同时反映了大部分学生的价值观念，能够规范和调控学生的行为，对其行为方式产生一定影响。因此，特色班级文化建设必须要积极向上，可以发挥激励学生的作用，让学生始终在正确的轨道上前进，及时调整其偏离行为。例如，在班级教育管理中，魏书生强调的班级文化氛围是"依法治班"，教师与学生共同完成班级规章制度的制定，并严格实施，让学生按照规章制度来约束自己的行为，营造出一个依法治班、遵章守法的班级氛围。

（4）陶冶效应。在特色班级文化建设中，学生能够从精神建设方面受到潜移默化的影响。不仅能够让学生树立良好的价值观和人生观，培养高尚的情操和正确的行为方式，还能够让教师及学生之间更加友爱和真诚，增加学生的集体荣誉感，增强学生积极向上的情绪体验，并且在学生之间互相影响，进而形成和谐的"心理场"，对学生具有陶冶、感染的效应。

（二）建设特色班级文化的要求

建设特色班级文化在学生个性发展中具有非常重要的意义，因此，在建设时有以下基本要求值得重视。

1. 深刻理解和把握特色班级文化的内涵及其精髓

在特色班级文化的建设中，首先，班主任要有明确的培养目标，也就是要培养出什么样的班级和学生。其次，要意识到特色班级文化建设对学生发展起到的促进作用以及带来的积极效应，从而强调、重视特色班级文化建设。

例如，有的班主任在班级文化建设中，引导学生共同探讨和研究班级的发展。通过设计班徽、推荐班花、创作班歌等活动，引导班级文化的前进方向，逐步形成自己的班级文化特色。某学生在推荐班花的文章中写的"杜鹃，繁盛而不臃肿，热烈而不失静雅"，得到全班学生的共鸣和拥护，这样就悄然形成了在教师的引导下的"热烈而不失静雅"的班级文化氛围。

2. 立足于学校、教师和学生个性，建设特色班级文化

特色班级文化的建设要立足于学生这个班级主体，不可以直接移植或模仿其他文化。班级文化建设不能千篇一律，要充满自身特色，要以学校、教师和学生的个性为出发点。

（1）立足于学校的个性。即在班级文化的建设过程中以良好的校风、学风和传统为基础。很多历史名校的学生都会因为其自带的精神特质而产生心灵和精神上的崇拜，对班级文化建设起到了导向作用，同时为其发展提供了动力。学生会因为自己是学校中的一员而无比自豪。学生在这种精神特质的影响下不仅能够让自身个性得到充分发展，还能够培养自信心，更加自尊与自爱，使自己有健全的人格。特色班级文化建设应该充分利用这种精神特质。

（2）立足于教师的个性。班级文化建设与教师的个性品质有着直接关系。教师除了要教授学生知识，还要对学生的人格产生影响。学生可能会因为教师某些特别的爱好、气质和才能而让自己的精神生活也变得多姿多彩。有人认为，教师可以通过兴趣爱好与学生进行更多沟通与交流，使其成为与学生沟通的渠道，这也为班级特色文化建设带来了更多内容。

（3）立足于学生的个性。班级的中心与主体是学生，因此学生才是班级文化建设的出发点与落脚点。班主任要认真总结学生的各种特殊才能、兴趣爱好及心理特征等，并对其进行充分分析，为班级特色文化提供肥沃的土壤。若可以充分利用学生的特殊才能，就能使其成为班级特色文化建设的一部分。例如，开展丰富多彩的活动，成立班级运动队、合唱队及舞蹈队等不同的兴趣爱好小组，让原本只属于个别学生的兴趣慢慢扩展到全班，进而逐渐变成班级的特色。有的教师非常善于发现学生的特点，认为学生可以有缺点，但不能没特点，积极发现学生的闪光点，并以其为发展基础，进而促进班级特色文化建设。

3. 在创造性的班级活动中丰富班级文化的内涵，促进文化特色的形成

教师与学生、学生与学生之间发生的各种交流与活动都是特色班级文化建设的前提与基础。教师、学生、班级及学校等不同的因素都要在班主任的分析范围之内，并以此为基础策划和组织班级文化，让文化特色内涵充斥班级制度文化、物质文化、环境文化、心理文化及个体文化的每个角落。

对于班级中出现的小事，班主任要充分利用，将文化融入这些小事中，从而推动特色班级文化的建设与发展。

总的来说，只有经过班主任的用心安排和培养，用不同班级活动进行渗透，才能实现特色班级文化的发展。因此，班主任要从班级的实际情况出发，开展的各项活动要以班级文化特色内涵为指引，在形成班级文化特色的同时使其得到长足发展，不仅要培养学生的个性特征，还要使其身心得到全面的发展。

第五章 5

科技创新促进学校特色发展

第一节 青少年科技创新能力的发展

一个民族想要进步、一个国家想要发展就必须维持创新，创新是灵魂，是驱动力的根本来源。国家是否能形成强的创新能力，主要在于国家的人才是否是适应时代需求的创新人才，国家需要从小开始培养创新人才。纵观世界对人才的培养发现，各个国家都非常注重培养青少年的创新能力。创新能力是未来科技人才需要的重要能力，不断加强创新能力的培养力度能够让新一代青少年成为未来国家发展的主要创造者，让他们成为国家科技的新兴力量，培养创新能力是国家发展的必然要求。

科技创新能力指的是学校、研究机构、企业或个人具有的集创新与发明为一体的综合实力。具体来讲，科技创新能力主要涉及创新人员的知识储备能力、创新经验、运用创新设备的能力、创新精神及经济实力。本书中谈论的青少年科技创新能力是指应在青少年时期培养人才的创新欲望、求知欲，以及对科学发展的兴趣，引导他们形成正确的科学观，养成正确的创新意识，同时训练他们的创新思维、创新技巧，帮助他们积累创新经验并养成积极探索、深入分析的习惯，为他们未来在科学领域的创新发展做铺垫。

一、青少年科技创新能力的组成要素

科技创新能力指的是创新人员根据已有信息、知识、经验进行新产品创造和开发的能力。科技创新能力包括科技创新意识、思维及技能，它的核心和重点是思维。

（一）科技创新意识

科技创新意识是创新主体看待客观事物或客观现象时对创新的推崇和追求的意识。教育专家曾经说过，创新的产生源自创新主体的激情，是在创新主体求知欲望的推动下形成的自觉思维。它把创新者的奉献、热爱、追求高度集中起来，源源不断地生产自觉思维。在主体创新意识的指引之下，个体会形成创新动机，制定创新目标，并调动自己的能力进行大量创新活动，也就是说，创新意识是科技创新产生的前提。

（二）科技创新思维

科技创新思维属于辩证思维的一种，在创新活动时，经常需要运用科技创新思维。科技创新思维和其他的思维有不同之处：第一，科技创新思维表现出积极的求异性，具体就是不会盲目跟从已有结论，对大家普遍认知的现象持有怀疑态度，会自主分析、判断；第二，科技创新思维表现出敏锐的观察力，具有创新思维的个体会将观察到的现象与自己已有的经验联合起来关联思考，寻找不同的事物之间具有的相似性、差异性，从而建立事物和事物之间的关联，为创新打下基础；第三，科技创新思维表现出创造性的想象，创新主体会在已有的表象基础上不断展开想象，创造出新的表象；第四，科技创新思维表现出独特的知识结构，创新个体基础知识非常扎实，专业知识了解得非常全面、深入，对相关学科的知识也有涉猎；第五，科技创新思维表现出活跃的灵感，灵感的涌动能够让创新个体找到问题的关键，突破问题的思考障碍。科技创新思维具有的五个特点相互联系、相互辅助，共同作用于创新个体，促进创新个体展开积极的创新活动。

（三）科技创新技能

科技创新技能是指创新个体完成创新活动所需的创新技巧及创新能力。在具体的科技创新活动中，科技创新技能体现为：为了实现创新目的而使用的科技手段、科技途径，如做实验的能力、做实验的方法和技巧、创新技术创新工艺的基本操作能力、运用创新方法的能力、表现创新结果的能力以及物化能力。对于科技创新来讲，有了科技创新技能才能让科技创新思维得以表现，因此，要注重对个体科技创新技能的培养，只有有了科技创新技能，科技创新才能有现实的操作性，才能转化成具体的创新产品。

二、青少年科技创新能力的主要特征

（一）系统性特征

通常情况下，把系统定义为由不同要素组成的，不同要素相互联系、作用及制约而形成的具有众多功能的整体。科技创新能力的系统包括控制系统、动力系统、调节系统、操作系统、工具系统及综合系统，这些系统以科技创新思维为纽带协调配合，进而形成了一个相互联系、作用及制约的系统性结构。在这个系统中，如果某一个子系统发生了故障，那么其他子系统的功能发挥也会受到影响，进而影响整个科技创新系统。

（二）能动性特征

尽管科技创新能力表现出一定的客观属性，但是不能说科技创新能力是简单化、直接化的大脑被动反应，它的本质是主动、能动的。当大脑感受到客观事物时，大脑中会形成一个观念对象，大脑观念的形成受到主体自身价值取向的影响，大脑在构建客观对象和观念对象之间的联系时，也会考虑自身的需求。也就是说，大脑在科技创新思维的过程中，其思维因子会主动、能动地活动，构建客观对象和观念对象之间的联系，也就是在这种构建中，才形成了新的思路，才能够解决问题。

（三）可塑性特征

科技创新能力并非先天决定，它可以在后天的学习过程中培养和开发。当代社会科技发展迅速，但是人们无法预测科技的深度及广度，未来的发展还需要人们的深入探索。事物和事物之间的联系是数不胜数的，事物未来的发展变化也是无穷无尽的，这些变化大脑都会感受到，大脑也必然会产生无穷无尽的思维因子。思维因子具有的特点几乎不会被客观事物超越，而且大脑可以从无穷无尽的思维因子中任选出一个思维对象，并从思维对象无穷无尽的属性中任意选择某一属性。在构建事物之间的关联时，大脑可以随便选取满足主体需求的任意一种形式，这样主体就会生成思维成果。因此，每个人都可以进行创造，只要个体的神智是健全、正常的，那么他就有创造潜能，重点是能否将创造潜能开发出来。创造潜能是无穷无尽的，它需要在后天的人才培养中进行开发。除此之外，科技创新能力的构成要素也不是天生就存在的，而是可以在后天的学习过程中被激发、培养、提升。举例来说，人的思维可以被外界因素激发，人的知识结构可以重新优化、建构，人的意识也可以在引导下形成，这些都表明科技创新能力可以在后天被塑造。

（四）独创性特征

独创性是指以一种全新的角度为出发点，提出全新的见解、观点或结论，打破人们对某一事物的固定看法、认知。科技创新能力构成要素和其他要素不同，有非常明显的独创性特征。举例来说，科技创新思维具有的创新性，使得创新活动非常灵活，每次创新活动都可能带来全新的结果，结果是随机、多样的，它并没有固定的逻辑可以遵循。除此之外，科技创新人格赋予了创新主体非常人的观察能力、意志能力及创新精神，这种创新人格是其他人格无法媲美的。与此同时，科技创新成果始终以全新、突破的形式被表现出来，向人们传递的是新的概念、理论或看法，这一点和其他素质也不同。

第二节　青少年科技创新意识的培养

创新意识是创新不可或缺的一个重要因素，能够引导人们创新。创新实践在很大程度上也会受到创新意识的影响。人类在意识的主导下发展和进步的，因此创新建立在创新意识的基础上，没有创新意识，就不会有创新实践。只有人们对创新的重要性和价值有充分的认识，才会进行创新实践。马克思辩证唯物论指出：意识可以反作用于物质，正确的意识对物质的发展具有一定促进作用。因此，加强对青少年创新思维和科技创新能力的培养非常重要。

一、青少年科技创新意识概述

（一）青少年科技创新意识的界定

目前还不能完整、系统地定义意识。通常情况下，将意识看作人们认知环境和自我的程度和清晰度，是大脑对客观世界的一种认知和心理活动。意识的本意是精神活动，"意"的本意是自我，"识"则可以理解为认识、认知等。所以意识通常也具有个体独立性和主观性的特征，是人们对自身存在的一种认知，也是对事物的一种认知，并能够对比自身的存在。人们具备了意识，就会进行有目的性和方向性的定位，因此意识可以对人们的行为产生一定的调节和引导作用。整体上来看，意识包括知、情、意三方面的含义。人们理性、客观地追求对世界的认知为"知"；人们受客观事物的影响而产生的感受和评价则为"情"，具体包括人们的喜怒哀乐及仇恨、满意、热爱等各种心理活动；人们为了实现目的和理想而进行的自我克制等状态则为"意"。

　　人们的发展和进步离不开创新意识的驱动，这也是促进新事物和新观念产生的根本原因。创新意识属于人类意识的一种，对人类的创造和进步产生了积极作用，也是培养人类创新能力的前提和条件。正是因为创新意识的存在，人们才尝试各种创新实践，若缺乏创新意识，人们将只能进行重复的机械劳动，将不利于人类发展。任何创新活动都是以创新意识为基础的，它也是人们不可缺少的一种精神动力。从青少年的角度来说，具备创新意识就应该有突破传统观念的勇气，敢于质疑传统观念并提出自己的见解和想法等，同时将各种创新思维运用到实践中，而这也正是对其创新意识进行培养的一个重要过程。因此，青少年自身要树立创新意识，并将其落实到行动上。

　　个体自发产生的有关科技创新的愿望、意图和动机的心理活动称为科技创新意识。科技创新意识是起科技创新活动的前提，对科技创新能力的产生有着关键作用，且科技创新活动的行为和态度也受其支配，具有强烈的能动性和选择性，可以驱动科技创新素质的产生。

　　培养青少年的科技创新意识，就要先让青少年正确认识科技发明是创造，是促进人类社会发展的核心力量，并且创新意识是科技创造的前提和基础，是科技创新不可或缺的关键因素。青少年是一个国家未来发展的重要力量和希望所在，从小培养他们的科技创新意识、科技创新能力，提高他们的科学素养，可以为建设创新型国家培养更多的创新型人才。教育工作者在教育教学中要充分认识青少年科技创新意识对创新行为的激发和驱动作用，对创造能力的启动、引导和强化作用以及怎样培养和强化青少年的科技创新意识等问题。

（二）青少年科技创新意识的结构

1. 动力意识

　　科技创新意识中最关键的因素就是科技创新动力意识，若没有从思想上重视创新，那么也不会产生相应的创新行为。人们从事科技创新活动的态度在很大程度上受到创新动机的制约，它能够激发创新活动的积极性和主动性。科技创新动力意识能够促进创新意识的产生，是落实创新实践的动力所在，也是增强青少年创新思维的重要因素，并激发青少年发挥出自己的潜能。只有具备强烈创新动机的人，才能积极参与到创新中，若是动机不明确，创新成功的几率也会随之下降。

　　一个人、一个单位、一个部门、一个民族、一个国家自觉地致力于创新，主要来自两个方面的动力：一方面是外在的客观因素，如知识经济的到来、科技发展和社会环境氛围等；另一方面是内在的主观方面，即科技创新主体的内在渴求和需要，以及对未知事物的一种好奇心和求知欲。这种好奇心表达了人类求知的渴望，满足好奇心和求知欲，是驱使一些有创造成就的科学家走上科学研究道路的原动力。比如控制论的创始人维纳（N.Wiener）在小学时演算术的速度并不快，但对于各种算术定律如交换律、分配律、结合律为什么是正确的却十分好奇，期望知道一些根本性的原理，这种强烈的求知欲最终使他成为一名著名的数学家，并在控制论方面做出了杰出的贡献。物理学家牛顿小时候看到苹果熟了掉下来，很好奇，他想，地球上的东西，失去了支持后为什么都掉到地上，而不会向其他方向掉呢？后来，他终于发现了万有引力定律。然而青少年时代的好奇心是自发幼稚的，自发幼稚的好奇心是不会长久的。爱因斯坦曾经说过：纯真的好奇心的火光渐渐熄灭。一般人的好奇心如电光石火，转瞬即逝，而科学家一旦被激起好奇心理，它所点燃的思维火焰，不到问题彻底解决时是不会熄灭的。因此，要抓住青少年发展的关键期，促使青少年对事物的深层追求，保持对事物的好奇心。

　　2. 质疑意识

　　创新的本质是对现存事物的创造性扬弃，而它的思想前提是否认现存事物的合理性，谁不敢或不善于求异与质疑，谁就无法创新。

　　提问就是质疑，质疑在创新意识中极其重要。质疑是发现真理、发展真理的必经环节和必经过程。正是在这种怀疑精神的驱动下，人类才登上了一个又一个的认识高峰：哥白尼的"日心说"源于怀疑托勒密的"地心说"；爱因斯坦的"相对论"源于对牛顿理论在高速运动领域合理性的质疑；生物进化论、量子力学等科学成就无不闪耀着怀疑精神的理性光辉。英国著名哲学家卡尔·波普尔适应自然科学飞速发展必须不断有所发现的要求，建立了科学发现的方法论。他在《猜想与反驳——科学知识的增长》一书中提出科学发现的"猜想"和"反驳"两大环节。他认为科学发现的具体过程是：第一步，科学家根据问题，大胆地进行猜想，努力按照可证伪度高的要求提出假说，使假说具有较多的真性内容。提出假说时无须经验参与。第二步是尝试性理论，即假说提出后，就进入反驳。这时要根据经验，按确认度高的要求，用证伪方法，排除错误，从而保证所接受的理论假性内容少。通过这样的"猜想""反驳"，科学发现便获得逼真度高的理论。波普尔提出的"猜想"与"反驳"，具体地突出了"质疑意识"对科学创新的重要性，从一定意义上说明了"质疑意识"是一种贯穿创新全过程的关键性的创新意识。

3. 超越意识

任何开拓、任何创新，都是一种超越。人的生命过程就是一个从低级需要到高级需要的过程，也就是从受低层次动机驱使，到受高层次动机驱使的过程。一部人类发展史就是一部不断开拓、不断创新的历史，也是一部不断超越的历史。超越是一种历史的必然，我们应该有这样的自觉和信心，天底下没有不可超越的人和事，只要我们不是懒汉和懦夫。培养树立超越意识首先要懂得超越的必然性，并在这个基础上树立超越的自信心。科技只有处在"人无我有，人有我新，人新我优"的领先地位，才能在激烈的竞争中出奇制胜或独占鳌头。超越是永不自满，永不止步，赶超前沿，不断追求卓越。其实超越的关键途径、关键办法就是致力于创新。

4. 兴趣意识

所谓兴趣就是积极从事和探究某种事物或进行某种活动的倾向。创新兴趣是指人们对创新活动投入的积极情绪和态度定向。稳定的兴趣能使认识过程的整个心理活动积极化，能提高观察力，增强记忆力，提高想象力，加强克服困难的意志，使智力活动的效能大大提高。兴趣爱好对创新有重大作用：一是使人产生一种执着追求的积极性，从而极大地挖掘和发挥自己的潜能；二是使人注意力高度集中，能够很好地排除外界的干扰；三是提供一种长久的驱动力，激发人们从事某项工作或活动的积极性；四是使人们把艰苦的劳动变成一种享受，以愉悦的身心、饱满的热情去创新。许多科技工作者常常为一个新的发明、新的发现，全神贯注，废寝忘食，通宵达旦，就是因为对科技创新有一种特别的兴趣。例如，科学家牛顿沉迷于科学研究，废寝忘食。有一次煮鸡蛋时，错把手表扔进了锅里。古希腊物理学家阿基米德，为了弄清国王的皇冠是否系纯金所铸，苦思冥想，毫无头绪。有一天，他到公共浴池洗澡，当他坐进浴盆，发现水往上升起并溢出盆外时，他猛然受到了启发。欣喜若狂的心情，促使他要尽快将稍纵即逝的设想予以验证。他发疯般地冲出浴室，完全忘记了穿衣服，赤身露体在街上狂奔。

青少年科技创新的兴趣主要来源于以下方面：一是在日常生活、学习、劳动中遇到不顺手、不称心、不方便的时候，想试一试自己能不能通过发明创造解决问题，在试探当中对科技创新产生了兴趣；二是在参加校内外各种科技社团和兴趣小组、夏令营的活动当中，在科技辅导员的启发下对科技创新产生了兴趣；三是听技术发明的讲座和阅读有关书刊时产生了科技创新的兴趣；四是受到家庭的影响对科技创新产生了兴趣。

5. 方法意识

在科技创新过程中，选择恰当的方法会产生事半功倍的效果。导致科技创新失败的往往是方法不恰当，同时也没有在思想上重视方法论，没有及时总结和积累，没有突破传统思想观念的束缚。科技史的经验也表明，科技的发展和进步都是在科学的方法下进行的。

中国具有遥遥领先的实践创新方法，早在几千年前，中国的先人们就懂得在遇到问题时采用创新思维和方法来解决，并进行了大量发明创造，从而使中国领先于世界其他国家。通常来说，青少年可以采用的发明创造方法包括以下类：一是偶然发现联想法，二是挖掘潜力法，三是逆向思维法，五是逐一列举法，六是触类旁通法，七是扩展用途法，八是反面求索法，九是移植发明法。

二、培养青少年科技创新意识的重要性分析

（一）科技创新意识是现代人必备的意识

现代意识的发展是现代科技发展的体现，现代科技发展是现代意识产生的基础。关于人的现代意识与现代素质，国际上研究颇多，归纳起来有以下几点：求变化，敢于创新与改革；重知识，尽可能地获取知识；守时、准时，时间观念强；工作讲效率；讲民主，思路开阔，大脑开放；有自信，讲信用，勇

于承担责任；相互了解，尊重他人与自尊，善于与人合作；计划性强，办事讲程序等。

凡是那些立志高远的企业领导者，都无一例外地在日常领导管理活动中，表现出极强的创新意识，并在创新意识的激发和驱动下产生高度的责任心和创业精神，能使自己在极其复杂的市场经济竞争中迅速形成独特的创造见识，不断地进行技术创新，根据市场需要超前推出更新换代的新产品，抢占市场。凡是那些由百强企业中垮下来甚至倒闭破产的企业领导者，无一例外都是一些缺乏创新意识，很难形成创造见识的平庸之辈。有科技创新意识是新世纪人才的重要标准，知识经济时代呼唤具有创造能力的创新人才。随着时代的进步，科技突飞猛进，新的世纪是知识的时代，而知识的变革需要的就是创新，只有不断地创新才能不断地突破，时代才能不断地向前发展。教师要重视在现代科学教育活动中培养青少年的现代意识，造就现代人。

（二）培养青少年的科技创新意识是时代发展的要求

马克思主义认识论告诉我们，实践是人们有目的地改造客观世界的社会活动，是人的主观意识见之于客观实际的活动。人们在认识活动中总是运用自己已有的知识去同化新的认识成果，不断构建新的知识体系。人们在改造客观世界的过程中，在科技创新意识的激发和驱动下，萌发出创造见识，在大脑里创作出如何改造世界的蓝图，然后去进行一系列的创新性实践活动。科技创新意识是激发人们创造见识的"启动器"，认识是行动的先导，创造见识是创造发明的前提。在创造见识形成和完善的过程中，创新意识始终起着主导作用。

在当今世界快速发展的时代，知识正日益成为经济发展的核心因素。知识经济时代是高技术、高智慧、高文化的时代，在这样的社会背景下，需要人们具有一种积极向上的、开拓领先的意识活动，通过这种意识活动来促进社会多种因素发生变化。创新正是这样一种意识活动，它根源于社会生产方式，能够推动社会生产方式不断向前发展，从而带动经济的飞速发展，促进上层建筑的进步。在知识经济时代，新的经济增长方式越来越倾向于将高科技知识运用于生产中，科技进步对经济增长的推动作用不断增大，创新已经成为当今经济时代和科技发展的主导力量。人类未来的发展和国家的繁荣昌盛比以往任何时候都更依赖于科技知识的应用和科技创新。创新和科技进步已经成为一个国家增强综合实力的主要途径。培养具有科技创新意识、创新能力的高素质人才，对于国家建设、民族振兴、经济发展、科技崛起和社会进步都有着极其重要的意义。

（三）科技创新意识是青少年科技创新的起点

青少年开始逐步形成自我意识和自我需要，开始形成自己的价值观和人生观，并开始评价和选择各种社会现象和社会价值等，同时，还以此为基础开始了创新思维的形成。创新意识是后天形成和培养出来的，会受到外在环境的影响和作用。青少年的创新意识是在社会环境和教育环境的影响下，在不断参与社会实践中逐渐培养起来的一种价值取向和情感、认识取向。这一过程中，青少年会产生自我同一混乱性，他们的自我认识也具有脆弱性，因此他们的意识也会受到外界较大的影响，为此要树立青少年健康的自我意识和健全的人格，并以此来培养创新能力。心理学研究证明，青少年如果长期遭受嘲笑、伤害和否定，将无法树立健康向上的自我形象；而经常被认可、被赞扬和被欣赏的青少年，具有更强的自信和自尊，容易形成健全的人格和正确的价值观。

青少年较之成人有着不可比拟的先天优势，青少年活泼、好奇、求知欲强，他们虽然在经验和阅历方面不如成年人，但他们很少受传统观念的束缚，总是以一种成人没有的新奇眼光来看世界。他们的世界观和价值观念还没有形成，自我实现的内倾性需求还很朦胧，不少青少年只是从兴趣出发，从"玩"的目的出发来进行创新。在他们看来，自然的、社会的想象有着不可言喻的奇妙性，许多悬念、问号经常萦绕在他们的脑际，他们急切地想探求世界的一切，在成人看来不屑一顾微不足道的问题，在青少年心中却非同小可。这是对世界的探求，是创造心理的躁动。对青少年表现出来的这种心理需求，我们不能熟视无睹或一笑了之，甚至因无法应付他们的刨根问底而加以训斥，从而挫伤他们萌动的创造力。这一时期正是培养青少年创新意识、创新能力的关键时期。在这一时期形成的意识，培养出来的能力，往往会影响人的一生。

三、青少年科技创新意识培养的策略

在人类的所有意识活动中，科技创新这种意识形态是一种内在的驱动力，它非常积极且充满成果性，能够促使人们不断进行创造和发明。人们创新动机和创新目标的产生都需要创新意识的指引，它能够充分发掘人们的创新潜力，产生更多创新激情。人类并不是天生就具备创新意识，需要经过后天的不断培养。来自美国的心理学家索里和特尔福特提出，只有自由主体处于一种创新的环境中时才能够培养出创新意识。斯坦福大学的校长卡斯帕尔教授认为学生创新力的培养离不开自由且宽松的氛围，这也是斯坦福和硅谷能够取得成功的原因之一。通过实验研究发现，当环境能够让青少年从心理上感受到安全、平等、民主、宽松、开放、自由、进取时是可以对其创新活动产生积极作用的。此外，教育和管理不能一味讲究权威，要给予青少年最大程度的自由，不能让他们一想到创新就想到艰难，应该给他们灌输"每一个人都有着无限创造力"的思想。在科技突飞猛进的当下，青少年的创新环境应该更加合理与科学。

（一）科技创新正确认识的培养

让青少年意识到创新是必要、可能的，理解科学创新存在的意义，进而能够积极主动地投入创新活动中，这就是对科技创新的正确认识。这不仅和人的自我意识有关，还与人们所认识的创新活动有关。要想培养青少年的创新意识并对其有正确了解，可以开设相关的科技创新课程。让青少年充分了解科技创新的方法、目标及参与渠道，夯实基础，用正确的思维看待科技创新，不再产生为难情绪，树立良好创新意识的同时感受创新的乐趣。让青少年从思想上重视创新，不断提升自信，让他们意识到在学习和生活的方方面面都可以创新，科技就在身边，它并不是高不可攀且枯燥无味的，细致入微的观察及创造能力的展现都可以让科技与生活很好地结合。让青少年体会到社会的发展与进步离不开科技，意识到科技对于国家的重要性，一个社会的和谐运行需要科技作为动力，它是社会发展价值的体现。在和谐社会的构建过程中，科学技术发挥的经济价值通过推动生产力发展体现，而人文价值和生态价值通过促进人与

社会、人与自然的协调发展展现，坚定"科学技术是第一生产力"这一理论观点。让青少年将更多的注意力放到中国在21世纪的发展及取得的科技成就上，不断提升他们的公民素质，让他们更加积极主动地进行科技活动。将青少年科技创新大赛取得的成果和奖项讲述给青少年，让他们以此为目标，从而产生创新动力。组织和开展相关的发明创造活动，邀请青少年发明家讲述自己的发明创造经历，让青少年仔细观察生活和学习的方方面面，提出自己的发明构想和创意，同时在指导下完成自己的作品。让青少年知道科技创造发明不只是科学家的事，发明就在身边，青少年也可以创造发明。

要为青少年科技创新意识的形成和发展创造环境，让青少年既能在图书馆里与富兰克林、门捷列夫等科学家对话、交流，又能在科技博览馆里，通过天文望远镜观测太空，寻找能替代地球的星体，看当今科技发展的最新信息，甚至走进田野，踏进鱼塘，听候鸟啼叫，看鱼儿在水中悠闲自得。学校要挖掘身边的自然条件和人文素材，放开手脚，开辟学生求知、求异、实践的空间，引导学生去观察，去发现，去探究。现实生活是五彩缤纷的，也是光怪陆离的。不要被课本局限住，应该结合真实的生活，热爱生活，进而实现创新。这样才能在更广阔的空间中发挥创新意识。首先，科技意识的培养可以在大自然中进行。成立不同的自然小组，让青少年观察并记录动植物的生活习性，制作各种各样的标本，让他们对问题有更好的观察和思考能力，对科学产生兴趣。其次，科技意识的培养可以在社会大课堂中进行。给学生讲述当下前沿科技，同时组织他们参与科普宣传活动，去高新技术企业参观，让他们体会到社会的发展与进步离不开科学技术，意识到科学的重要性。最后，科技意识的培养可以在劳动实践中进行。引导学生在实践过程中运用所学知识，鼓励他们亲自组建科技园地，通过实践感受到科技的魅力。

（二）科技创新动机的培养

动机是指引起动作或行为的直接原因，动机的产生与人的期望有关，期望是人们希望达到目标或满足需求的心理活动，期望一旦成为驱使人们行动的力量，就会形成动机，成为推动人们进行某种活动的强大动力。创新动机是促使个体的创新能力从潜在状态转化为现实状态的动力。人们根据社会和个体生活发展的新需要，引起某种创造动机，表现出创造的意向和期望，这种创造意向和愿望就是创新意识。苏联当代教育家苏霍姆林斯基曾经指出："强烈的学习愿望，获取知识的欲望，是这项活动的主要原因。"心理学的知识表明，人们有意义的活动总是由一定的动机引起的。动机是满足个人需求的内部动力，是行为的直接原因。青少年科技创新的动机包含两个基本因素：内在驱动力和诱发因素。内在驱动力是指在个体需要的基础上产生的一种内部推动力，是一种内部刺激。如果青少年的创新活动，只依靠外部力量强迫命令，而没有内在的力量，就很难持久。所以，激发内在动机的内驱力，发挥青少年的主体作用是非常重要的。

应充分发挥青少年的主体地位，让青少年真正成为学习的主人，调动青少年的积极性，激发他们的潜能，发挥他们的创新能力。允许青少年标新立异，允许青少年异想天开，允许青少年七嘴八舌，允许青少年有不同见解、不同主张。教师或专家不再是知识和真理的化身，而是组织者、指导者、参与者，没有教学计划、教学时间、教学内容的限制，教师和专家可以表现出最大的宽容，用民主平等的态度对待青少年，营造轻松、愉快、和谐的氛围，引导青少年求异质疑、容忍异端、弱化权威，从而激发青少年的创新意识，达到提高创新能力的目的。

（三）科技创新兴趣的培养

兴趣是人们的一种心理倾向，它使人们想要认识某种事物或爱好某种活动，能够在探索过程中形成乐趣。人们会因为这种乐趣而感到满足，进而最大程度集中注意力，有时还会达到忘我的境界。不少科学家都能够在科学研究过程中得到很多他人体会不到的乐趣。若科学创造不能给人们带来丝毫乐趣，那人们只会认为创新是负担，就无法体会科学探索的乐趣，更不可能达到忘我的境界，也不会有任何动力迎难而上。例如，达尔文小时候就对动物充满兴趣，而他也正是因此投身到生物领域，进而创立了著名的进化论；爱因斯坦因为小时候对指南针充满兴趣，最终成为当代伟大的物理学家。

实践活动是培养兴趣最好的方式，若不开展实践活动，就不会对某件事充满兴趣。因此，要支持青少年踊跃参与研究活动、制作活动、社会实践活动等各种各样的活动，不断培养他们的兴趣，正所谓"兴趣是最好的老师"。让青少年能够边学边做，边做边学，在动手和动脑过程中产生强烈的求知欲望，同时在充满乐趣的氛围中注意到平时生活中最常见却又容易被忽视的科学现象，体验到科学的乐趣。让青少年在开展科学研究的同时对其充满兴趣，使他们拥有良好的科学素养和态度，进而慢慢地热爱科学，勇于探索，树立良好的创新意识，提高实践能力，培养科学精神，实现创新人才的发展。此外，青少年要让自己有更多的兴趣和爱好，让自己的生活变得丰富多彩；通过阅读各种书籍来开阔自己的眼界，丰富自己的知识，培养自身的发散性思维；同时还应该让自己时刻对新鲜的事物保持敏感。

（四）问题意识的培养

重视培养青少年的问题意识及培养青少年问题意识的重要意义，为中外学者所共识。早在两千多年前，孔子就要求自己和学生"每事问"，他高度评价问题的价值及意义，认为"疑是思之始，学之端"。

提出问题对青少年创新意识和创新能力的培养起到很大的作用。问题意识的重点在于营造一个和谐的教育环境，体现民主教学，促进师生之间的沟通交流，支持学生提出问题。青少年有着强烈的好奇心和求知欲，这充分展现了问题意识。青少年有着各种各样的问题，除了要支持他们勇于发现，负责任地为他们解释原因，将"有结构的材料"提供给他们才是重中之重，鼓励他们用自己的方式去探索和发现，感受思维的过程。在教育教学的过程中，学生的问题意识应得到教师的尊重，教师与学生之间的关系应该是和谐、民主和平等的，不要让学生在课堂上充满焦虑、紧张，应该为他们营造一个和谐、轻松的氛围来发展自己的个性。青少年在一个舒适的环境中就会充分体现出自身的问题意识，从而有各种天马行空的想法和见解出现。相反，若是教师常常质疑青少年的问题，或是将其看作捣乱、刁难和钻牛角尖的行为，进而对其不理不睬甚至批评、讽刺和训斥，那么一定会让青少年失去问题意识，也会让他们的创新意识无法萌芽。这其中的关键是提问技能的培养。青少年只有经过不断的训练才能从提问逐渐到会问，这是一个循序渐进的过程。教师应该给青少年提供提问范式学会问问题，并且可以提出有价值的问题。引导青少年勇于发现问题，与其共同探讨和研究，支持他们的奇思妙想，鼓励他们提出自己的见解，勇敢地质疑既有的结论。总而言之，时代的不断发展要求青少年提高科技创新意识，这同时也是教育实践发展的必经之路。在当前的知识经济社会，既要让青少年不断提升分析和解决问题的能力，更重要的是要让他们有发现和提出问题的能力，培养具备创新意识的创造型人才。

（五）科技创新情感的培养

情感和情绪是心理活动及发展的重要内容，也是进行科技创新活动的必要因素。对创新起促进作用的情感，主要是指良好的心境、激情和热情。良好的心境会显著地促使个体对周围事物充满兴趣，保持探究世界的主动性和积极性；创新者在积极的激情状态下，会自觉地调动身心的巨大潜能，使之成为开创行动的巨大动力；一个人有了热情，就会使创新动力历久不衰，使创新活动持之以恒。积极饱满的情感最容易使人处于最佳的身心状态，有利于把个人才识发挥到极致；执着的情感意味着全身心的投入，意味着创新激情的最大限度发挥。

相反，消极、低沉的情感会削弱人的活动能力，降低工作效率，尤其是对创新心理活动及创新思维活动具有干扰或妨碍作用，产生负面影响。所以，青少年要做一个成功的创新者，就必须对所从事的事业倾注大量的热情，保持积极昂扬的情绪状态，这样才能驱使青少年全神贯注，从而取得不同凡响的创新成就。要成为创新人才，青少年就要注意克服急躁焦虑的情绪，保持愉快平和的心境。要从理性的层面出发，认识到挫折和障碍一定会出现在创新的过程中，只有勇于拼搏，调整好情绪，不在逆境中放弃，积极分析失败的原因，不断积累经验，才能有成功的可能，并为之后的创新活动带来无限的动力。要学会调节自身的情绪，当情绪低落时，可以将注意力放在别的事情上，如阅读一本轻松的书、外出散步、打打球、欣赏音乐等，不要钻牛角尖，让自己始终处于不良情绪中。还可以通过自找暗示的方式进行情绪上的调整，对自己有清晰且全面的认识，能够正确评价自己。要善于肯定自己，为自己获得的成绩而感到自豪，但不能自负，对自己充满信心，进行自我激励，遇到困难不气馁，不忘初心。此外，还要学会取长补短，从而提升自己。将创新情感不断升华，将需求和情绪都引导到正确的方向上来，给社会、人和事带来有利的影响，不要被大量负面情绪所充斥。贝多芬和安徒生也都没有因为困难而消沉，而是在艺术创作中释放了自己的热情，从而创作出大量的传世之作。

（六）科技创新意志的培养

意志力是创新必不可少的条件，若只对思维对象产生兴趣而没有任何意志力，就无法在思维对象上始终集中注意力，也就无法实现创新。在创新的过程中充满了艰辛，没有意志力只会一事无成。要想成功完成创新创造活动，就必须具备顽强的毅力，这是一个必要的条件。居里夫人最初只是对沥青铀矿充满了好奇，想知道是什么东西使其具备辐射性。她在提炼放射性元素的过程中意识到仅凭好奇心很难实现目标，在顽强的意志力的支持下，她在四年的时间里同马路工人一起劳动，同时在创新精神的指引下终于提炼出了放射性元素镭，为人类开启了放射性时代的大门。可见顽强的意志力能够使人们战胜重重困难。

在科技创新的路上没有捷径可言，有时需要一年到两年或者更长的时间，可能会遇到很多困难，所以意志力至关重要。缺乏创新的勇气，即便有好设想、好办法、好信息，也只能停留在大脑中，也是枉然。要想实现科技创新，就要在思想上不因循守旧，不迷信书本，同时还应具有不怕吃苦、不怕失败、不怕讽刺、不怕压制的勇气。但青少年容易受到外界的干扰，抗拒诱惑的能力和控制冲动的能力还有所欠缺，遇到困难时往往会退缩、灰心丧气，不能善始善终。因此，在青少年科技创新能力培养过程中，对青少年的意志力进行适当的培养显得尤为重要。

第一，要让青少年树立起远大理想、正确的人生观。坚定、顽强、自觉、自制、果断，这些意志品质的获得都同一个人的人生目标、人生理想有着密不可分的联系。理想越远大，越崇高，越需要付出巨大的努力，高尚的动机才会有坚决持久的意志行动。而那些对人生没有什么追求，整天浑浑噩噩地过日子的人，很难设想他们会有良好的意志品质。

第二，要有坚韧不拔、锲而不舍的科学态度。为青少年制定一个个小跨度的目标，并随时予以鼓励；要求他们每天写实验日记，坚持下去，不断挑战自己，超越自己。

第三，要在实践中锻炼青少年的意志。青少年可以通过积极参加体育锻炼来磨炼自己的意志。体育活动既能增进健康，又能培养意志。青少年应乐于参加实践活动，勇于到条件艰苦的地方接受磨炼，锻炼自己的意志。

第四，青少年可以通过自我教育的途径努力克服自身的缺点。阅读文艺作品和理论书籍，虚心向别人学习，都有助于培养一种良好的意志品质。

第三节　青少年科技创新思维的培养

青少年科技创新思维是青少年思维活动的精髓，也是青少年科技创新的灵魂和核心。它是对现有认识活动与认识过程的升华，源于现实认识，但又不拘泥于现实认识。本节将从青少年科技创新思维的定义、组成要素和意义等方面详细介绍青少年科技创新思维。

一、青少年科技创新思维的内涵

思维是人类特有的最基本、最重要的意识活动。人类一切文明进步都是人类创新思维活动的辉煌成果，人类的历史就是一部思维的发展史和创造史。适合时代的思维方式将产生和存在下来，并对时代具有促进作用；不适合时代的思维方式将被淘汰，并会迟滞历史的脚步。因此，开发科学、有效的思维，是决定社会发展趋势的重要因素。

创新思维从逻辑上讲，是思维主体运用已有的思维形式组合新的思维形式的思维活动。思维主体指进行思维活动的载体——人脑。从思维形式来看，它是思维的各个组成部分之间的联系方式。如将思维主体作为特殊的生物系统来看，那么创新思维活动就是人脑把输入的信息组合成新的信息。创新思维活动是在人的大脑中进行的，是一种非常复杂的生理现象。一般认为创新思维是大脑皮层上，在原有刺激物的作用下留下的痕迹和暂时神经联系回路，重新筛选、组合、搭配和接通，从而形成新的回路联系的过程。旧的联系和回路的简单恢复并不能组合出新的思维观念或信息；产生新的信息必须有过去从未有过的新神经回路的组合，也就是说，在人的创新思维中各种神经细胞群以新的、过去没有联系过的方式组合起来。事物映像在大脑中以"记忆分子"的形式储存，在人进行思维时，两个没有联系的"记忆分子"组合在一起构成新的"记忆分子"，表现在语言上就是文字的组合。在形成新的组合过程中，第二信号系统对指明应该创造组合什么样的词句起着重要的调节、组织作用；在词的信号影响下，在活跃起来的暂时联系或回路系统之间可以构成一组新的联系。由于现阶段对大脑的认识还很不够，各种解释还停留在假说阶段，人为的、合目的性的控制根本谈不上，所以神经细胞之间建立某个能解决目标课题的联系和组合的随机性很大，这就是思维具有灵活性的根源。人们可以在大脑中创造各种各样的主观事物映像，并把它们记录下来，甚至影响人们的社会活动。

青少年科技创新思维是青少年思维活动的精髓，是对现有认识活动与认识过程的升华。它源于现实认识，但又不拘泥于现实认识，是探求新认识的思维活动，也是青少年科技创新的灵魂和核心。广义的青少年科技创新思维，是指青少年思考自己所不熟悉的科技问题，而且没有现成的思路可以完全套用的思维活动。它强调的是，所思考的问题对思考者来说是生疏的，思考活动的进行没有老一套的思维程序和模式可以参考。狭义的青少年科技创新思维，是指青少年建立新的科技理论，产生新的科技发明或科技发现的思维活动。它强调的是，思维的科技成果是独创的，是前所未有的，而且得到了社会的承认并具有巨大的社会效益。

二、青少年科技创新思维培养的重要性

（一）创新思维是青少年科技创新的基础前提

青少年基于实践对世界的认识和改造就是科学认识，探索和找寻存在的客观规律，让自在之物慢慢地向着为我之物转化，其中的含义一共有三层：一是人会认识没有假象的外在客观事物，进而发现真理，这时选择性就展现出来了；二是人们为了实现愿望会充分利用外在事物，体现的价值是善；三是人会将自身的意志烙印在经过改造的外在事物上，力量就在这里聚集，在服务人类的同时为人类带来了美感。在这个转化的过程中会出现真、善、美，而人的意志、愿望和情感是实现真、善、美的前提与基础。因此，科学认识主体会在认

识客观对象的过程中对其产生情感，并始终用意志力来维持科学认识，可以将科学认识主体看作拥有一致知情意的人格。科学认识主体知情意在相互配合之后就会产生科学创新。

从科学认知过程的角度看，实现青少年科技创新的重点在于从新的角度认识科学认知对象。人的认知结构包含三个要素，即主体、客体和中介。主体的作用是对客体规律进行揭示，依靠的思维形式主要有判断、概念及推理等；客体是反复被主体构想、假设以及更新的认知对象；当客体被主体构想和假设后就会形成青少年的科技创新。主体的科学发现是基于对客体新的认知，在经过科学实验的验证之后就会出现青少年科技创新。主体已经掌握的所有思维方式、推理法则及现有的知识和经验都会出现在科学认知过程中。若思维主体在认知活动的过程中被已有知识和经验限制住，而且只依靠已经确定的思维方式和推理法则，则无法实现创新。

（二）创新观念是青少年科技创新的推力

创新思维不仅是青少年科技创新的前提，而且是青少年科技创新的不竭动力。创新思维对青少年科技创新的动力作用主要体现为创新观念对青少年科技创新的推力。

青少年只有形成了创新观念才能进行科技创新。创新观念中包含了创新的目标、目的和途径，将思维主体怎样创新、因为什么创新以及创新什么都充分展现出来。创新观念首先回答的是怎样创新，是否值得创新，创新都有哪些基本内容，以及创新有哪些社会意义等一些基本问题。明确的创新观念为实现青少年科技创新提供了基础。创新观念的作用会发挥在科学新概念的讨论和选择、科学假说的建构和论证、评价新想法以及产生科学新概念的整个过程。换句话说，科技创新的每个环节都会有创新观念的身影，它的作用无可替代。

科技创新要依靠创新观念才能实现，原因如下。

1. 创新观念与创新思维相辅相成

一方面，创新观念能够对思维创新产生推动作用。青少年在实践过程中慢慢积累的信息和知识会逐渐形成头脑中的观念，与新的知识相比，头脑中的观念明显更加稳定。也就是说，当新的知识和信息出现在头脑中但还没有变成观念时，需要在不断积累的同时得到内化，这样才会有较为稳定的观念产生。而头脑中的观念可以指导思维活动，对思维的方式、进程、内容和方向都会产生相应的影响。因此，创新思维会受到观念的阻碍或推动。迂腐过时的观念只会对思维产生阻碍，只有创新的观念才会让创新思维取得进步。

下面简单分析创新观念对思维创新发挥的主要作用：

（1）如果创新观念带有启发性就能够引导青少年积极思考问题，发现问题。但若是过时的、僵化的观念就会让思维停滞不前，失去思考的能力。

（2）突破思维定式的作用。青少年会因为思维定式而无法找寻新的思维方式，同时禁锢其思维空间，这非常不利于创新思维。而青少年在创新观念的推动下可以打破当前思维定式，让思维得到创新。

（3）支配思维方向的作用。青少年的思维会由于有合理的观念结构而拥有较强的开拓性，并保持正确的方向；青少年的思维会因为不合理的观念结构而变得更加保守、偏执。

另一方面，观念更新需要思维创新提供原动力。观念的形成依靠的是不断积累的知识，这既是思想上的沉淀，也是思维成果的一种，思维主体会对其产生很大影响；如果一个人拥有开放的思维，并愿意学习新的知识，就会经常产生新的观念；相反，观念就会较为陈旧。思维的最终成果是观念，观念的前提是思维。从这一点来看，创新观念的动力就来自创新思维。创新观念与创新思维相辅相成，创新观念在二者的不断循环中发挥着很大的作用。

2. 创新观念为科学理论发展提供预测

可能存在和一定存在的东西会通过观念体现出来。观念可以精确、完整地体现现实，这也是它高于其他思维形式的原因，观念和思维达到了统一，因此这种体现非常深刻和完整。科普宁提出，从理论的角度看，观念可以完全把握现实，可以将科学认识的所有成果都反映出来，因此科学理论的关键、生命力都是观念，观念可以为科学理论指引发展方向。

但观念并不等于理论，观念中出现的成分有时需要猜测，但那些来自观念的科学原理往往会因为猜测的成分而能够继续被超越，进而不断促进理论的进步与发展。科学理论的进化与创新就是在不断发展的观念、新观念、科学理论、新科学理论的反复循环中实现的。科学家就是在这种发展模式中伴随着创新观念，实现了科学理论的创新与发展。

3. 创新观念为科技创新提供精神激励

青少年特定的信仰基本都是来自特定的观念，这是从其认识活动中发现的。信念除了包含知识，还包含一个人的信心，这来自志向、情感和意志。主体内心深处的观念能够展现出信念的自觉性，要在实践过程中实现。可以看出，信念是毫不动摇地坚信正确的观念，确信观念中那些隐藏的方案、思想、价值取向及理论等。只有坚信观念，才能形成信念，但坚信的前提是要有客观的观念。而在创新观念与科技创新中，将毫不动摇的科学信念带给青少年，就能够充分展现出观念与信念之间的关系，可以从精神上鼓励他们科技创新。

探索、综合与指导实践是科技创新能够从创新观念里得到的动力。思维主体基于已有的知识，分析和总结，从中发现全新的全局性观念，超越已有的个别知识，最终产生创新思维，这就是创新观念的综合职能。综合来看，只有观念可以超越局部极个别的知识。思维主体在进行科学认知时无法将头脑中个别的观点和概念组合成新的原理，只有综合看待客观事物的不同规定后，才可以基于概括而产生新的观念。这种创新观念的形成同时又能够引导新的综合出现，也就是思维主体的新观念是来自已有的观念或研究，通过利用经验事实或理论知识新的综合，并以其为基础产生创新观念。这个反复循环的综合过程就是科学理论不断前进的过程层。

引导思维主体不断地探索奥秘和未知，发现科学的规律就是创新观念的探索职能。科学探索是需要目的的，离不开观念的引导，不然就不知道怎样开始，使用什么方法来实现发展。初创观念在科技创新的初始阶段也会发挥作用。观念引导实践活动完成对世界的改造就是创新观念的实践职能。一般的概念和原理都会被创新观念超越和概括，虽然有些成分是猜测出来的，但就像上述那样，科学理论的发展方向需要创新观念预测，并从精神上以科学的信念来激励科技创新。因此，相比于一般的概念和原理，它的指导作用更加明显。青少年能够利用科学实践在观念上将想象逐渐转化为现实，当然也可以推翻或重建，这才是真正有意义的科技创新活动。

（三）创新思维是青少年科技创新的关键

青少年科技创新以科技创新思维为前提和动力，基于创新观念的科技创新思维贯穿于青少年科技创新的全过程。因此，科技创新思维形式理所当然地成为青少年科技创新的主导思维形式。具体说来，科学怀疑、创造想象和科学假说是贯穿于青少年科技创新全过程的三种最主要的科技创新思维形式。

1. 前提条件：科学怀疑

科学精神中就包含了对科学的怀疑。对未知的发现和探索就是科学，但探索最重要的就是敢于怀疑一切。大胆质疑和挑战已有的理论和知识是青少年科技创新的重点。拾人牙慧、随声附和无法实现创新。对客观事物之间的不同之处必须要在认识的过程中充分挖掘，找到常见事物中所隐藏的问题，怀疑、分析和批判看似毫无破绽的常见理论和现象，这样才能够推陈出新，实现创新。怀疑不仅为科学提供了发展的动力，也让思想有了新的起点，是科学家必须具备的一种精神。

将科学怀疑放在科技创新思维形式的层面分析，这种理性思维活动开展的所有研究和探索都从反面开始，展现出的特征包含试探性、否定性及不确定性等。在青少年的科技创新思维活动过程中，必须要有科学怀疑。因为它是作为一种手段来促进科学思维的，不仅能够拓展思路，还能够为创新提供动力。

2. 重要环节：创造想象

创造想象这种思维形式指的是基于已有的知识和形象并在主观能动性的作用下构想出那些没有出现的理论和形象。它要立足于已有的事实，但又要超越事实，在头脑中将之前毫无关系的经验材料相互联系，然后以此探索未知事物。

那些大胆的奇思妙想往往是科学发生重大变革的序幕。科学工作者既要浮想联翩，又要脚踏实地。要引导青少年在创造想象的指引下不被现有经验材料所限制，进一步发现事物之间的联系，探索出新的科学；要给青少年新的发现希望，进而对其产生激励作用。在科学研究的过程中，创造想象不仅能够发挥催化功能，还能够发挥导航的功能。青少年若缺乏了想象就会让认识成为流水账，就不会有普遍性和预测性，更别提科技创新思维了。青少年不能缺少创造想象的品质，不然就无法实现科技创新。创造想象可以让思维飞得更高，达到一个全新的境界，但这是有根据的想象，不是幻想。科学的想象一定要以事实为基础，这样才有可能推动事物发展。想象的可靠性与事物的客观规律是否一致有着很大关系。但在科学研究的过程中，想象并非在所有经验材料都准备好后才进行；当研究者有了明确的科学研究问题，并且掌握了一定信息和资料后就能够构想新的理论、思路和观念。青少年会在研究的始终不断有设想冒出来，也许最初只是模糊的构想，但之后就会变得愈加清晰。思维者的想象要以丰富的知识为基础，只有不断积累知识，才能为想象创造出更多可能。

由此可以看出，创造想象也可以捉摸，要想获得想象的翅膀，实现创造，就要以实践为基础，不断地积累材料，学习各种各样的知识，同时要善于发现事物之间的内在规律和联系。而只有经过实践的检验才能确定头脑中的想象是否真的存在价值，并与实际相符。若是想象与实际相悖，或来自虚假的线索，那么都会给创新思维造成阻碍。想象要以时间为出发点，并始终保证自己前进在正确的方向上。

3. 必由之路：科学假说

科学假说是基于已经掌握的知识，从理论上假设和阐释在实践过程中发现的现象，或证实那些在科技创新思维中出现的一些设想。科学理论的开端就是假说。新的事实会在科学实验的过程中不断出现，它们往往不会被现有的理论观点所限制，抛给科学家新的问题。科学家就会在新问题的引导下对新事实进行新的总结，并得出新理论。不过新理论的形成需要时间，其初始阶段一般都会有明确内容，但又不确定是否真实，于是就有了假说。

当青少年有了越来越多的资料和研究后，假说的猜测性就会慢慢减少，科学性则会提升，逐渐地成为理论。原有理论会随着实践的不断发展而形成新的现象，这时就要有新的假说和理论出现。科学就在假说—理论—新的假说—新的理论的不断循环中发展。科学理论需要科学假说作为纽带。每一个科学理论的前身都是假说。

科技创新中的这三种创新思维形式发挥着主导作用，三者之间是相互联系的。青少年科技创新需要科学怀疑产生催化作用，需要创造想象提供途径，需要科学假说来展示成果。三者之间相得益彰，同时促进了科技创新。

三、青少年科技创新思维培养的依据与原则

青少年科技创新思维是理论和实践的统一，它既需要通过哲学理论把握，更需要在实践中培养，只有这样才能真正掌握它。本部分将分析阻碍青少年科技创新思维培养的因素，并从青少年科技创新思维培养的生理学依据、原则、主要方式和行为特征、主要途径和方法等方面来详细阐述青少年科技创新思维的培养。

（一）青少年科技创新思维培养的生理学依据

不少青少年认为在科技创新上有所作为的都是一些天才，自己没有这方面的细胞，没有进行创新活动的信心。其实，人与人之间差别甚微，不管是天才还是普通人，男人还是女人，成年人还是青少年，他们的大脑神经细胞数量都是差不多的，有大约101个神经细胞。不过，大脑记忆能力的利用率是很低的，一般不到百分之几，百分之九十几没有得到开发利用，白白地浪费掉了。因此，合理开发自己的大脑，是提高素质的一个极其重要的方面。

美国神经生理学家斯佩里，通过对人脑的大量实验，发现大脑两侧半球在功能上显著不同，这一研究成果荣获1981年诺贝尔生理学或医学奖。斯佩里发现：大脑左半球偏重语言、概念、数字、分析、逻辑推理等功能；大脑右半球偏重音乐、绘画、空间几何、想象和综合等功能；正常人的心理活动是左右脑"分工合作"的结果。左半球主管非逻辑思维，和创新有关，故又被称作"创新脑"。右半球主管储存信息，又称作"知识脑"。由于人类大脑两半球使用的不平衡性，久而久之，知识脑在重量上、质量上优于创新脑，因此大脑左半球又称之为优势半球。大脑两半球虽有分工，各有侧重，但是相互协作，相辅相成，大脑左半球的理性思维，也会促进大脑右半球非理性思维的发展，在学术上有成就的人，更可能在艺术上有所创新。

科技创新思维是人类最重要的思维活动之一。我们常常能听到这样的说

法："某某人的脑袋好使"或者"某某人脑袋不好使"，那么是不是学历高、书读得多、知识丰富、考试成绩好的人脑袋就一定好使呢？答案是否定的。这要看他思考的是什么问题。如果是老问题、常规问题，知识丰富的人思考起来确实快，但是如果是创新性的、非常规的问题，那么知识丰富的脑袋也可能不好使。这主要是因为知识丰富的人不一定善于创新思考。通常认为一个人文化科学知识和实践经验越丰富，自然就越善于思考方法，思考能力就越强，因此并没有必要再专门学习思考方法。事实并非如此，知识经验很丰富，但是思考能力，特别是创新思考能力不强的人大有人在。知识经验的丰富程度同掌握运用思考方法的数量与思考能力的强弱之间并没有必然的联系，更不存在正比例关系。

了解了青少年科技创新思维培养的生理学依据后，我们知道每个青少年都拥有科技创新潜能。

（二）青少年科技创新思维培养的原则

1. 正确处理思维与知识的关系

思维与知识是不同的概念。思维主要指人类的认识活动，知识则指人类对客观世界的认识成果。然而，思维和知识又相互联系、相互依存、密不可分。一方面，知识是思维活动得以展开的基础和前提，思维主体的任何思维活动都必须在一定的知识背景下展开，思维的实质就在于运用已有的知识去分析问题，解决问题，揭示对象规律，并探索新知识。另一方面，思维是获取知识的必要途径，没有认识主体探索客观世界的思维活动，就不会有知识的产生。鉴于思维和知识的密切联系，青少年科技创新思维培养的一个重要原则是以知识的掌握和运用为前提。思维培养的层次越高，难度越大，对青少年的背景知识要求就越高。没有必备的专业知识背景的人是无法进行特定专业领域的思维培养的。因此，学习科学知识是青少年科技创新思维培养的一个重要内容。

2. 正确处理过程与结果的关系

通常情况下人们只注意思维的结果而不注意思维的过程。但青少年科技创新思维培养却应该关注思维的过程而不应该强调思维的结果。也就是说，青少年科技创新思维培养的宗旨不在于将结论告知青少年，而在于让青少年掌握正确的、科学的思维方法及得出正确结论的途径。人类的思维过程是一个从抽象上升到具体的过程。从一个完整的认识过程来看，人们认识一个事物，总是起始于对此事物的接触。当一个事物呈现在人类感官面前时，这个事物是生动的、丰满的、具体的。但人们不能一下子全面把握这个事物，为了认识它，首先得把它的各个属性、关系抽取出来，一个方面一个方面地考察，形成多个抽象的规定。这种从感性具体进入思维抽象的认识活动正是人类思维的开始。而当人们对事物各种规定性的考察达到一定阶段，发现了事物各种规定性的相互联系后，便有条件把事物的各种属性和关系综合起来研究，从总体上把握事物的本质。这时，思维就从抽象阶段进入具体阶段。

综上所述，思维抽象和思维具体是思维发展过程中的两个重要阶段。由这两个阶段构成的思维发展过程有三个主要环节：出发点（起点）、中介和终点。思维的起点应该是被研究对象在某一领域的最抽象、最基本的关系，是该领域内对象事物矛盾运动的根据；从中介到终点的过程即思维抽象规定性关联、综合，逐步达到思维具体的过程。分析和综合是把握思维过程的两个重要方法，因此，分析与综合能力的培养是青少年科技创新思维培养的重点。

3. 正确处理潜能与技能的关系

青少年科技创新思维培养的目的是开发青少年的智力潜能，把隐藏在青少年头脑中的智力潜能充分挖掘出来。

人类的大脑是世界上最复杂的、效率最高的信息处理系统。人脑的储存量大得惊人。近代科学家认为，人在自己的一生中仅仅运用了头脑能力的10%，有90%的智力潜能白白浪费了。而最新的研究进一步指出，以前人们对头脑潜能的估计太低，根本没有用到头脑能力的10%，甚至连1%都不到。可见人脑的潜力还有很大的开发余地。青少年科技创新思维培养的宗旨就在于尽最大可能把人脑中的智力潜能开发出来，使这种智力潜能转化为高超的技能。

俗话说："玉不琢，不成器。"这句话可以解释为，玉石具有成器的潜能，但不用心去琢，这种潜能就不能发挥出来。人的智力也一样，每个人都可能具有一种或多种过人的思维智能，如果不去挖掘，这种过人的智能就可能闲置、浪费。青少年科技创新思维培养的目的就在于挖掘这种潜在的智力使之转化为一种或多种技能。

四、青少年科技创新思维培养的方式与途径

（一）青少年科技创新思维培养的方式

青少年科技创新思维培养的方式必须在保持本民族传统优势的基础上与西方传统科技创新思维培养的方式进行整合，借鉴其长处，克服自身的缺陷，建立一种更加科学有效的认识世界和改造世界的思维方式。

1. 确立个体独立性思维方式

只有一个人的思想、人格及思维都是独立的，不依附于某个群体或关系，做到自主、自立和自强，且个人的发展是全面、自由的，才能让个人的独立性思维方式得以确立。我国传统的思维培养方式并不注重个体性，而是追求集体性，这是一个很大的弊端，在当前知识经济社会，个体思维的独立性必须得到重视。独立性特征是一个人必备的，也是现代人不可或缺的一种精神。缺乏独立性就会失去个性，创造性就更无从谈起。一个只会随声附和的人注定是平庸的。若整个民族都以这种意识为主，而且从不想改变，那么这个民族是不会发展的。但在追求思维主体独立性的同时，也不能忽视整体性，也不应该被教条主义等思维框住，要对主体的探索给予足够尊重，同时积极提倡。当一个集体和社会尊重且允许青少年个体独立性发展，并给予足够的自由，才能挖掘出青少年潜在的创新能力，才能够为这个集体和社会提供源源不断的发展动力。

2. 确立科学理性的思维方式

直觉感悟一直是中国传统思维方式的重点，这会让青少年将重点放在直觉感悟上，从而忽略了科学理性。因此，随着科技的飞速发展，我们要真正意识到传统思维方式存在的保守性和局限性，将重点放在科学理性上。要想实现这一点，首先，要扩大青少年注意力的范围，从以往对主观世界中的人、事、

物的探索逐渐扩大到对整个世界的探索，包括人与人之间的关系、人与社会之间以及人与自然之间，让思维方式变得更加科学理性，用客观、严谨且公正的态度对世界进行认识和改造。所以，思维方式是少不了科学性的。其次，一定要充分学习科学理性的思维方式。从本质上看，科学理性精神就是提出质疑和积极探索，基于事实，强调实证分析，追求逻辑思维，保证事物的精确性。因此，要将批判和质疑的精神发扬光大，做到不唯书、不唯上、只唯实，通过判断、概念、分析、推理、归纳、综合、演绎等不同的方式对事物进行由浅入深、由表面现象到深层本质的充分认识。同时还要保证实证方式的科学性，大胆假设和小心求证缺一不可。要将各种实证方法如实验、观察、数理统计等运用在对自然界和人类社会的研究中，采取定性结合定量的分析方式，让认识既精确又严谨。

3. 注重求异求变的思维方式

中庸与调和是我国的传统思想，求同的思维远远多于求异的思维，对"一"的重视程度明显高于"多"，这就使得青少年无论是思想上还是行动上都慢慢变得趋同化、简单化和僵化，久而久之，青少年就会失去应有的创新性思维。求异思维无疑是创新思想的动力来源，只有勇敢地质疑和怀疑才能带来更多的突破、创造与发展，进而形成新的思维、构思和思想。只有社会充满了民主宽容的氛围，整个社会都鼓励创新，同时立足于实际，不被教条主义所桎梏，才能让思维方式实现求异求变。

4. 树立开放多元的思维方式

保守和封闭的青少年思维往往源自我国对人生之道的重视程度大于事物之理的思维方式，青少年在解决问题和发现理论的过程中常常会使用已有的知识和经验，用过去证明当下，对事物的评判和观察也常站在政治和道德的角度进行，不去了解新的事物、成果和变动。封闭代表的是落后。尤其是在全球一体化的背景下，不同宗教信仰的国家、民族、经济结构、社会制度及意识形态之间的联系越来越紧密，所有不问世事、封闭的做法都代表着落后与淘汰。因此，每一个国家和民族都应该在联系中实现发展。而且这个多元化的世界正在让不同国家、民族、地区在政治和经济上形成各种各样的关系，如合作和从属等，这些关系时刻都在发生着变化。因此，要让思维和价值观随着时代的变化而改变，保证思维方式的多元化与开放性，这样才能实现发展。

（二）青少年科技创新思维培养的途径

在科学技术突飞猛进的今天，我们应共同努力，力争把青少年培养成具备科技创新思维的人才。因此，在青少年科技创新思维培养过程中应注意以下三点。

1. 尊重个性发展，激发自主精神

青少年科技创新教育应该创造一种适合青少年个性发展的空间和氛围，发现和挖掘青少年的自主意识和潜能。应采用多种方法，努力培养青少年的个性和自主精神。教师应在承认个性的存在及其差异的合理性的基础上因材施教，并为青少年提供充分的机会，让他们能够独立地进行创造性学习或从事创造性活动，切实为青少年提供学习的方法和方向，并激发他们提高和完善自己的内在动力。

要保证青少年有足够的自由空间。学校在规定青少年完成必修课程的同时，应提供给他们更多自由时间，这有利于青少年培养自主独立的能力。鼓励和引导青少年发展自己的特长和兴趣，组织他们积极参与不同的课内外活动，通过各种社会实践活动，在人和人的交流中慢慢培养自主精神，形成良好的品质。要保证氛围是轻松的、民主的，在教学过程中通过讨论式、问答式及解决问题式的方法让青少年展现出自身的自主性和积极性，使其思维活动始终处于发现和解决问题的氛围中，变被动为主动。要提高专业课程的实践性，采用的教学方法既可以是实际操作，也可以是现场参观学习，将青少年自身的个性在实践教学的过程中展现出来，鼓励他们大胆质疑那些常规化的操作方式、顺序和步骤，并提出相关建议，同时引导他们去实施，进而发挥个性特征。

2. 活化教学过程，强化探索精神

教学过程的一切条件、环境和手段都与青少年科技创新思维的培养和发展直接相关。所以，应使整个教学过程更符合青少年思维规律，因势利导，富有启发性，使青少年的思维处于积极状态。

在课程设置上：一要打破以往学科专业局限，拓宽课程内容，丰富每一门课程的理论、实践及发展动态的信息量，同时还要注意删除陈旧的知识内容，将当代科学技术的新成果纳入课程内容；二要从发展青少年兴趣出发，优化第一课堂和第二课堂教学内容，在保证必修课教学时数，使青少年掌握核心知识的同时，多开设自修、选修课程，为青少年思维的充分发展创造环境和条件。

在教学方式上：一要改革注入式的教学模式。对教材的基本概念、基本理论可少讲、精讲，重视启发、引导，鼓励青少年就同一问题提出"是什么"和"应该是什么"，鼓励青少年在作业、提问、实验、考试等教学环节中提出多样化的答案。二要引导青少年以科学态度为其提出的问题制定相应的目标，并从多角度或多方面激发青少年对解决该问题或实现该目标探索出有效的方法和手段。因此，教师必须用制度化的方法要求青少年将这些解决问题的策略在实践中实施，同时对产生的相应结果进行总结并对其中出现的差异进行处理，从而使青少年的发散及聚合思维不断升华。三要设计不完全或无结果的问题式情境，使青少年有积极思考、大胆设想、推陈出新、继续探索的可能。让青少年自设问题，并自行想象解决，给其锻炼思维的机会。

在考核评定上：传统的考核方法只重视知识的测试，而忽略了能力的考核，这是需要克服的，所用考试方法应做到"同时注重知识与能力，将重点放在青少年能否在实践过程中充分利用所学的知识上"；将多种考试形式相结合的方法运用在专业课和具有双重要求的课程考试中，保证青少年能够在探索知识的过程中充分利用个性化思维。不仅如此，在评定青少年的考试成绩时，应重点关注其在解题的过程中是否出现新的思路，以及是否有可靠的理论等。

3. 克服思维定式，塑造批判精神

一是教师要引导青少年不断突破"权威型思维""书本型思维"等传统思维，支持青少年质疑已有知识，批判意识，从而让青少年具有批判精神。教师在授课过程中不能只将重点放在现有的知识和成果上，应鼓励青少年积极发

现有哪些问题还存在于当前的工艺和知识中，用批判的精神来发现新的研究方向。二是要将如迁回法、逆向法等思维技巧传授给青少年，让他们改变以往思维习惯。三是要鼓励青少年用批判性思维去阅读书籍，支持他们勇敢地提出和解决问题，不盲目相信以前的结论。教师在授课过程中可以采用讨论的形式让青少年打开思路，形成新的观念。

第四节 科技教育校本课程助推
学校特色发展

开创校本课程，同时把课上好，这对培育学生兴趣爱好与创造能力、提高综合素质以及推动学校特色发展等都发挥着积极的作用。

一、科技教育校本课程的组织架构和系统建设

（一）科技教育校本课程的组织架构

在创设课程的过程中，最关键的一个环节是对课程的管理，作为引领者的有关组织应不断助推课程的创设。学校不仅要不断完善科技教育校本课程的创设与施行管理制度，还应积极创建分管副校长作为领头人的科技教育教本课程建设队伍。其中，组成成员可以是教务处教研教改负责人员与各个学科的组长、优秀教师，形成三级组织架构：课程创设校本队伍要正式沟通规划课程创设的方法，厘清科技教育校本课程的现状并解决疑问，拟订开展工作的步骤及计划，特别是要明确课程开展的目的与定位；课程管理办公室要积极采集并整合材料，监督课程创设的相关成员定好课程题目，辅助课程的顺利开展及课程选择；而课程创设人员则需要选好课程题目，编制课程，认真备课上课，重复使用不同阶段的资料。

科技教育校本课程管理者和创设者应共同体会、理解创设课程的原因以及如何才能把课程上好，形成思想上的共识。与此同时，还要注意理论知识的传递，了解科技教育教本课程创设的作用与效果，正确认识国内和国外课程创设

的现状，重视课程创设的复杂性，并重视实践。

（二）科技教育校本课程的系统建设

要做好科技教育技术课程的系统建设，最重要的是先确定课程的纲领，它是引导者，是开创课程的总的纲要，是指路人。科技教育技术课程是为了提高学生的科学素质，要注意内容传播的广泛性与深刻性，注意课程开展的作用。开创者必须确定课程创设的纲领，了解并思考科技教育技术课程创设的现实背景，注意学生的学习的情况，收集科技课程需要的相关材料，结合本地文化背景及特色，筹划一些活动，制定完备的课程评价机制，使科技教育校本课程的效果更加显著、更有指向性。

科技教育技术课程的建设必须与其他学科相结合，融入其他学科的内容，使跨学科融合教学的特点更加突出，并提供更多实际操作的时间，这有助于学生创造力的培养；课程学习的形式要丰富多彩，可供学习的场地的大，且不要集中在一起。除此之外，科技教育校本课程还要具备以下特征：第一，课程的创设要以实际为出发点，如植物种植、航天模型的制造，这有利于学生动手能力和创新精神的培养；第二，课程是开放包容的，不是课本内容的简单重现，要注意课内与课外、校内与校外相结合，追求形式多样化，这有助于开发学生思维，培养想象力；第三，课程主张学生自觉自主，要激发学生的动力，使学生自觉参加课程学习，培养学生学习的自觉性和自主性；第四，课程要有探究性，引导学生学会探究，将探究与学习结合起来，掌握自主探寻科学规律及有关现象的能力。

二、科技教育校本课程的资源开发与实施流程

（一）科技教育校本课程的资源开发

科技教育最重要的是普及科学内容，掌握正确探究科学规律的能力，促进学生科学素质的提高。要发挥科技教育校本课程的优点，拓展相关知识；同时，还要融入科学的要素，使其兼具教育和操作的功能；应从多个方面创设课程，编制课程。

（1）拓展性科技课程。结合学科教学特点，可以拓展开发的课程有科学家

的成长故事、相关规律的探索、学科与生活的联系、知识在生产中的应用等。编制学科拓展性课程，有助于学生学以致用，提升知识的应用价值。学校可以开设物理学科相关的《交通与物理》《宇宙时空之旅》《物理学家的成长故事》等课程，化学学科相关的《生活化学》《中国古代传统科技》等课程，数学学科相关的《建筑工程与数学》《数学建模》《数学与生活》等课程，生物学科相关的《走进生命科学》《食品健康安全》等课程，地理学科相关的《地理3S技术在生活中的应用》等课程。

（2）前沿性科技课程。当今世界日新月异，科技迅速发展，青少年学生不能满足于使用新技术，还要多了解社会，多认识科技的历史进程，尝试接触前沿科技，激发创新思维和前进动力。学校还应开发智能类课程，如《FLL机器人》《简易机器人及3D打印技术》《智能机器人》等；高新技术引导类课程，如《航天教育》《海洋技术》《新能源在汽车上的应用》《5G技术的推广与应用》《新化工材料的应用》等；新材料技术类课程，如《纳米材料介绍》《新型陶瓷材料介绍》《激光技术的应用》等。前沿性科技课程可以点燃学生的科技火花和梦想，帮助学生认清学习现代科技的重要性、紧迫性，进一步增强学生的科技意识。

（3）实践性科技课程。科技课程是实践性、操作性极强的课程，要更多地体现实践性和体验性，让学生在亲自操作中领悟科学的奥妙。学校可以结合自身条件和当地科技环境，开设《电子百拼》《航模制作与飞行》《化学趣味实验与创新》《活学活用电脑制作》《人体素描》《地理环境探索》等实践类课程，让学生亲自体验，深度实践。

（4）活动类科技课程。科技活动是科技课程的必要补充，它有利于拓宽学生视野，陶冶学生性情，激发学生创造欲。学校活动类科技课程有节日活动、科技竞赛、参观考察、科技报告、研究性学习等。学校可以结合实际组织科技义化艺术节，展示学生科技作品；开展系列科普教育（如请地震局专家讲地震相关知识），让学生学会用科学解释自然现象和自然规律；开展与科技相关的竞赛活动（如科技小制作、小发明、机器人大赛、电子百拼、科普绘画比赛等），给学生提供展示才能的平台；组织学生参加各类科普活动，如参观科技馆等；组织学生参加各类比赛，如创新大赛、航模大赛等。这些丰富多彩的活动课程，对提升科技课程的内涵与价值具有重要意义。

（二）科技教育校本课程的实施流程

（1）编制课程每学期期末，课程创设者应先确定课程的纲领，完成课程的编制。在课程的编制过程中，教师要先考察学生的情况，摸清学生的兴趣，并发挥科技课程的优点，结合个人擅长的教学方法，编制出具有针对性的课程。课程编制好后，要先让课程领导队伍进行评价检验。

（2）选择课程。学校教务部可以在放假期间，制订课程公布的相关计划，制定纲领性文件并确认每门学科的教师，同时公布每一门课程的上课地点及上课人数。学生可以根据自己的需要选择课程。

（3）认真上课。在上课的安排上，学校应该准备充分，首先要有完备的师资力量，除本校的教师之外，还可以邀请其他高校的教师或一些企业事业单位的专家学者、学生家长代表等来学校教学；其次是要有足够的场馆，不能只有教学楼，可以增加一些如航模室、创客室、机器人工作室等具有创意性的场馆，确保学生有实际操作的空间；最后是要建立完善的课堂评价机制与学生学业考核机制，确保不是只走过场的形式主义课堂。

三、科技教育校本课程建设推动学校特色发展

课程的创设是学校发展的支柱，学校的特色发展是其办学成就的有力反映，两者的目的是一样的，它们相辅相成，为促进学生全面发展提供方向，一同推进学校的发展。

（一）特色发展力促课程建设

特色发展可以推动课程建设，是学校在办学的过程中不断创新，通过实践不断探索最终形成的具有特色的办学成果。学校要在科技教育校本课程中结合特色发展实践，让更多的人了解校本课程，培养良好的师生情，进一步促进校本课程的发展。

（二）课程建设提升特色发展内涵

课程建设在学校发展的过程中起着至关重要的作用，也是学校特色发展过

程中最重要的因素。要促进科技教育校本课程形式更加多样化，使学校的科技教育课程特色成为学校发展的中心，吸引更多人的注意。与此同时，学校要把办学的观念及办学的传统，融入科技教育课程开发与课程建设过程中，要争取更多力量的支持，如教师队伍、课时保障、场所场馆、财政支持等。学校要引导教师、学生共同参与，形成和谐的特色发展环境，使科学教育课程更贴近本土文化，更贴近实际，更具操作性。

第六章 **6**

学校发展由特色到品牌
路径探索

第一节 学校个性基因的认识

这个世界上最难的事情，也许就是认识自己。我们是用生命的全部过程来证明一个基本的事实——"与众不同"，这是人的个性中的独特性与社会性的统一。认识学校自身个性的基因，目的是唤醒学校的自我意识，强调学校个体在社会关系中所表现出来的区别于同类的特征和品质。

一、学科视野中的个性

生活中经常会听到大家谈"个性"，然而这个词并没有一个统一的含义。但是，在大家的理解中，"个性"差不多就是"性格"。在西方，直到20世纪30年代，随着临床心理学和变态心理学的出现，心理学家才开始关注人的个性，并将"个性"与"性格"的概念区分开。

（一）个性的具体含义

1. 对个性含义的不同理解

（1）个体对现实的态度和行为具有相对稳定的心理特征。

（2）说一个人有独有的特征，即说他有个性，如形容一个人有自己的想法，遇到事情不随波逐流。

（3）将个性等同于个人主义或无政府主义，具有强烈的政治色彩。

（4）个性是一个人的优秀品质。

在心理学的领域中，个性表现的是个体的心理人格，也是个体的心理现象，通过对"个性"的研究，可以看出个体心理人格的性质以及个性的形成和发展的过程。

心理现象，特别是个体的心理现象，非常复杂，它属于一个人的内心世界。但是，心理现象可以表现在外，即通过一个人的言行看出他的心理世界。因此，心理学对个性的解释从两方面进行：一是心理，二是行为。一个有影响的观点认为，个性是"个体的心理方面"，它既包括个体的自觉倾向，又包括其稳定而鲜明的心理特征；人格是个体特征模式和行为倾向的统一体。

由于人是构成社会的主体，因此人的社会行为以及人与人之间的社会关系导致社会现象的产生。人的社会关系主要指个人与社会之间的关系，这就产生了人的个性化和社会化之间的矛盾。因此，在社会学的研究过程中，人的个性是研究者们不容忽视的问题。那么，从社会学的角度来看，个性究竟是什么？所有社会学是不承认个性的自定属性。个性总是被认为常以某种方式反映或依赖于社会背景。人格可以定义为社会有效性，因为它是决定个人在社会中的角色和地位的所有特征的综合。也有部分专家学者认为，个性是作为社会个体在社会领域中发挥独立作用的一种社会性质。

2. 哲学视角下的个性定义

从哲学的观点看，人的个性体现了社会规律的关系，以及个人在社会中实际活动的表现。作为社会系统中的一部分，个体的活动，以及某些稳定的、循环的、基本的表现，正是唯物史观研究的部分对象。

有哲学色彩的个性定义，主要体现在以下几方面：

（1）特异性。在哲学意义上，某一个体区别于其他个体的特征称为个性。总而言之，个性就是有着和其他人不一样的特点。

（2）主体性。哲学将人的个性理解为主观性的个体表达。

（3）人性本质的特殊性。一个人的人格特质，首先是社会特质，体现了他在社会关系中独特环境的总和。

心理学、社会学和哲学都根据各自的领域来定义个性。心理学从心理学和行为学的角度对人格进行了较多研究，取得了许多成果，为深入全面地了解个性提供了许多参考。社会学提醒人们，对个性的理解必须包括个人在社会中扮演的独特角色和地位的性质。哲学努力在哲学层面揭示个性的真谛，启发以马克思主义的个性化和普遍性哲学和人性论作为理解个性真谛的科学依据。

（二）个性的特点及其本质

1. 独特性与共同性的统一

个性最显著的特征之一是个体的独特性，这是使个体与众不同的基本特征。它表明人与人是不同的，每个人都有自己的特点，从而可以相互区分。

每个人的个性都与自己周围的人不同，每个人都有独立的个性，有自己的独特性。比如，有的学生性格外向，表现出了乐观的个性；有的学生性格内向，表现出不喜张扬的个性。同样，教师的个性可以体现在独特的教学理念、特殊的教学方法、创造性工作等方面。正如世界上没有两片一模一样的叶子，也没有人有相同的个性。不可否认的是，在这个世界上，每个人都以自己的个性存在。正是因为独特的个性，才有了所谓的"人"，这是一个人的生命属性。

个性所表现出的独特性不是孤立的客观存在，这种独特性在一定的历史条件下，与人类生理、心理、社会等各个方面的共性并存。共性是人类群体多方面的共同典型特征，是人与人之间建立社交关系的前提。因为共性的存在人们才能进行沟通交流，没有共性的存在意味着没有个人的个性，更不用说人类社会了。

人格的共性也是客观的，正常人是理性的，也是感性的。生活在同一地区或同一国家的人在心理和生活方式上有很多相似之处。一个群体、民族、国家和社会的存在和团结都源于个体共性。

2. 自然性与社会性的统一

人类通常被认为是"自然的社会动物"，因为他们既是社会的又是自然的。人的动物性可以在人类社会中被人性化，而人的社会性只有在人性的基础上才能存在。这两者的统一性代表了人性与社会性密不可分的关系。个体的个性也是社会性与自然性的统一。社会性体现了个体的本质，反映了在社会中生活的个体的地位，以及个体与周围环境的关系，反映了个体所具有的社会特征。从本质上讲，个性是所有社会关系的总和，在不同的时代、不同的社会和不同的国家有着不同的个性。"个体"的本质反映了社会关系的性质，因此，每个时代都会形成一种独特的人格类型，既反映了时代的普遍特征，又反映了特定社会的普遍特征，以及特定的阶级或特定的民族阶级的特征。

个性的自然性是人的遗传因素及人的生理特征。自然性承载了个性，是个性形成必不可少的物质条件。自然性是个体与生俱来的属性，每个个体都有一定程度的生物印记。但是，个性也并不是纯粹的"自然"。与动物的自然属性相反，人类的自然属性是人类的社会特征的综合体现。

在人的性格中体现出的社交性和自然性都是客观的。人类天生就是一个自然实体，无法选择自己与生俱来的属性，这也是常说的一个人的"天赋"或"命运"。个性是具有自然性的，因此人不能从根本上决定自己的人格品质，也不能预先决定其个性的发展方向，但正是有了自然性的存在，个性才得以形成。人是一个社会实体。人类从诞生开始，就生活在与动物完全不同的环境中，生活在固定的社会关系中，这是人类无法选择也无法逃避的事实，个性只有在实际的社会关系中才能形成，才能发展下去。

3. 稳定性与可变性的统一

一些在个人生活中暂时和偶然出现的特征并不是个性，个性是指在个人身上的一致和持久的特征。例如，通过社会生活实践，一个人慢慢有了自己的理想、自己的信念和自己的三观，因此他的行为会有一定的倾向性，尽管生活在不同的情况下，但还是可以表现出相同的品质，这就是个性的稳定性。这种稳定性代表一个人的自我是统一的、持久的、恒定的。基于此，我们可以了解一个人的性格，并预测一个人在特定情况下会采取什么样的做法。

个性既有稳定性，也有可变性。人是一个不断发展变化的生命体，个性也在这一过程中发生变化，一方面，个性会变得越来越成熟，越来越丰富；另一方面，现实生活环境不断变化，社会关系是复杂的，个性就在这样的背景下不断变化，具体表现为向积极或消极的方向变化。不存在一成不变和停滞不前的个性，这种可变性是发展个性教育的理论依据。个性的可变性说明，实行个性教育是非常必要的。起初，个性的变化是难以察觉的，但是随着时间的推移，当量变的积累足以改变一个人原有的主要人格特质时，会形成新的人格特质。人的变化和发展的本质是个性的变化和发展，而教育的开展可以促进个性的发展。

个性的稳定性和可变性统一的观点表明，个性可以被认识和把握，人的行为也可以被预测。个性的培养没有尽头，每个人的余生都要培养个性。

个性的特性和本质体现了个性的内涵。其中，最核心的特性是独特性，独特性赋予个体以特征，使其区别于其他个性。此外，社会性体现了个性的本质特征，表明个性与其他事物的独特性存在差异。然而，独特性及社会性又有另外的限制，这些限制共同构成了个性的规范性。

二、学校的个性基因创建

如果把学校作为一个特殊的组织生命体，那么它与人的个性一样，也是具有独特性的，这一独特性使它区别于其他学校，而学校个性的社会性恰恰反映了它在社会生活中的地位以及与周围环境的相互关系。特色学校的创建离不开对学校个性的自我觉醒和自我认识，它是特色的基础，也是品牌的基因。

（一）地缘环境的标识

（1）坐标。坐标确立了学校的地理位置。世界上任何一所学校，均可以用坐标准确地定位于地球表面上的一个点。这个点包含了丰富的地缘信息，而这些信息只属于那所学校。

（2）海拔。海拔规定了学校所处地理位置的高度，于是，学校便在三维的立体空间里有了属于自己的定位。

（3）气候。气候决定了学校四季的温度，构成了学校的生存环境。

（4）交通。通往学校的路有都市里平坦的马路，有农村尘土飞扬的土路，有湿滑陡峭的山路，有乘船往返的水路……这些路都与一个点相连，那就是学校。

（5）人群。人群包括校园里的师生、员工，校园外的普通百姓。这是一个特定区域内的特殊人群，可以是不同的种族、民族，可以有不同的信仰、礼仪、风俗、习惯，可以来自不同的国家、社会制度。

任何一所学校都不可能选择自然属性，这是"天赋"或者说是"得天独厚"。学校的自然属性虽然不能从根本上决定学校的个性品质，不能预测学校的发展方向，然而，它却构成了学校个性形成的基础，影响着学校个性的发展。

"最美乡村教师"的事迹，除了向社会传递了一种精神力量，也昭示着承载这些教师的学校的个性。这些教师的精神也会慢慢地凝聚为学校的精神，作为一种文化，世代传承。"马背上的校长""深山里的红烛""戈壁滩上的跋涉"，这些都是在全心全意地接受了个性的选择之后，所彰显出来的别具一格、无法复制的"特色"。

（二）行政区划的分类

学校是一个社会组织机构，更是一个社会实体。它开始就生存于一定的社会关系中，它的个性只有在现实的社会关系中才能形成和发展。而学校为统治阶级服务的工具性与政治性特质，使其在国家对社会实施行政管理的区域划分中，赢得了属于自己的社会属性。

中华人民共和国根据《中华人民共和国宪法》规定，主要以省（自治区、直辖市）、市（自治州、区）、县（自治县、街道）等编制单位来进行行政区域划分。中华人民共和国有34个省级行政区，包括23个省、5个自治区、4个直辖市、2个特别行政区。

1. 按行政区域划分

（1）华北地区。华北地区主要包括北京市、天津市、河北省、山西省、内蒙古自治区的一部分。

（2）华中地区。华中地区主要包括河南省、湖北省、湖南省。

（3）华东地区。华东地区主要包括山东省、江苏省、安徽省、浙江省、江西省、福建省、上海市。

（4）华南地区。华南地区主要包括广东省、海南省和广西壮族自治区。

（5）西北地区。西北地区主要包括陕西省、甘肃省、青海省、宁夏回族自治区和新疆维吾尔自治区。

（6）西南地区。西南地区主要包括四川省、云南省、贵州省、西藏自治区和重庆市。

（7）东北地区。东北地区主要包括辽宁省、吉林省、黑龙江省。

（8）港澳台地区。港澳台地区主要包括香港、澳门、台湾。

2. 按经济带划分

（1）东部沿海地区。东部沿海地区主要包括上海、江苏、浙江、福建、广东、广西、香港、澳门、台湾、海南（10个省、区、市）。

（2）中部内陆地区。中部内陆地区主要包括山西、安徽、江西、河南、湖北、湖南（6个省、区）。

（3）西部边远地区。两部边远地区主要包括四川、重庆、贵州、云南、西藏、陕西、甘肃、青海、宁夏、新疆（10个省区）。

（4）南部沿海地区。南部沿海地区主要包括福建、广东、海南三省。

1949年，中华人民共和国成立时，全国分为30个省、1个自治区、12个直辖市、5个行署区、1个地方、1个地区。1967年调整为22个省、5个自治区、3个直辖市，共计30个省级行政区。1988年新增海南省，1997年新增重庆直辖市，1997年和1999年香港与澳门回归中国，相继新设2个特别行政区，至此共计23个省、5个自治区、4个直辖市和2个特别行政区，共计34个省级行政区。

学校所属的行政区域，反映出学校个性的社会属性，同样不能选择，也无法逃避。我国幅员辽阔，地大物博，区域经济发展不平衡，使得学校的发展具有天然的差别，东部沿海地区的发达与西部边远地区的贫困形成了巨大的反差。先天的不足，给学校的自我发展带来了无法挣脱的桎梏。贫困可以改变，发达还需超越，只要教师执着坚守，只要学校的精神还在，培养人、教育人的使命不改，基础教育均衡发展的目标就一定能够实现。

第二节　学校优势未来的设计

教育是社会发展的基石。从经济社会发展需求看，国家和世界可持续发展面临的紧迫形势，需要发挥教育的基础性作用，以便让每一个人都清醒地认识地球环境、资源的承载能力和经济增长的局限性。

经济、社会可持续发展的形势、成绩、面临的各种现实问题和潜在的问题、现行政策、解决办法与发展前景等，需要通过学校教育的途径告诉学生和全体公民。解决可持续发展现实与未来问题所需要的各方面专门人才和具有可持续发展素质的劳动者，需要通过各级各类教育加以培养。

一、可持续发展教育的相关理论

可持续发展理论是回顾和反映人类自身文明发展过程和生存方式的理论。文明、文化及教育三者有着不可分割的联系，要想实现可持续发展就需要实行教育。可持续发展教育是为了满足可持续发展的需要而实施的教育。可持续发展教育无论是对社会还是对国家，对经济还是对文化都有着重要作用，能够促进可持续发展的实现。

可持续发展教育是一个体现时代精神、包含多重含义的教育新理念、新思路。当前和今后一个时期，需要我们开展多方面工作，在基础教育乃至高等教育领域强化可持续发展教育的学科建设与课程建设。

（一）可持续发展的原则与理念

可持续发展是20世纪80年代提出的一个新概念。1987年，世界环境与发展委员会在《我们共同的未来》报告中第一次阐述了可持续发展的概念，得到了国际社会的积极响应并达成广泛共识，在1992年联合国环境与发展大会上又得到了全面的肯定。

可持续发展得到了国际社会的一致认可，当是指既满足当代人的需要，又不对后代人满足其需要的能力构成危害的发展。它意味着社会、经济与资源和环境的和谐发展，是一个既达到经济发展目的，又保护自然资源的发展方式。人们赖以生存的自然资源和环境需要保护，只有良好的生存环境才能使子孙后代继续生活和工作。

1. 可持续发展的原则

（1）公平性原则。所谓公平是指机会选择的平等性。可持续发展的公平性原则包括两方面内容。首先是同时代人的共享，即同代人之间要保持公平。可持续发展应为满足所有人的基本需求和对美好生活的向往提供机会，为全世界人民提供公平发展权利和资源的公平利用权利。其次是代际公平，即不同代人之间的纵向公平。现代人不能损害子孙后代对自然资源的使用，彼此之间对资源的使用也是平等的。自然资源不是取之不尽用之不竭的，而是有限的，现代人不能为了满足自身的发展和需要而不合理地开发和利用自然资源，不同时代的人之间对自然资源的权利是平等的。

（2）持续性原则。持续性原则的核心是人类的经济与社会发展不能超越资源与环境的承载能力。资源与环境是人类生存与发展的基础和条件，离开了资源与环境人类的生存和发展就无从谈起。资源的永续利用和生态系统的可持续性是人类持续发展的首要条件。为此，人们要根据可持续性的条件调整自己的生活方式，在生态可承受的范围内确定自己的消耗标准，不要盲目地、过度地生产和消费。

（3）共性原则。为了达成可持续发展设定的目标，地球上所有国家要相互配合，努力采取措施，这是全球范围的集体行动。由于不同国家有着不同的历史、文化及发展水平，因此可持续发展的目标及实施方式是多样性的。但是，有一点始终不变，就是可持续发展需要一个公平和可持续的共同原则，这是作为全球发展的总体目标来实施的，是所有人需要承担的责任。

2.可持续发展的理念

（1）可持续发展鼓励经济增长。可持续发展理论结束了把发展经济与保护环境对立起来的错误观点，强调二者之间应当是互相联系、互为因果的。经济发展包括数量的增长和质量的提高，必须改变传统的以"高投入、高消耗、高污染"为特征的数量型增长模式，依靠观念转变和科技进步，提高经济活动的效益和质量。

（2）可持续发展的根本标志是人类与自然的永续和谐。经济和社会的发展不能超越资源和环境的承载能力，可持续发展要求保证自然资源的消耗速率低于再生速率，人造废物的产生速率低于环境的消耗速率，人类发展与自然生态相协调。

（3）可持续发展的根本目标是谋求社会的全面进步。发展不仅仅是经济问题，单纯追求产值的经济增长不能体现发展的内涵。在可持续发展的经济、社会、环境三维目标中，经济发展是基础，环境保护是条件，社会进步才是最终的根本目的。

（二）可持续发展教育

"可持续发展教育"的英文为"Education for Sustainable Development"，可直译为"教育为可持续发展服务"。也有的写作"Sustainable Development Education"，与汉语"可持续发展教育"的词序一致。因此，"可持续发展教育"的本意是指"为可持续发展服务的教育"，也可以说是"促进可持续发展的教育"。通常的教育分类是根据教育的对象，而"可持续发展教育"则是由教育的内容规定的一类教育。

1.可持续发展教育的内涵

可持续发展教育内涵的演变过程，大致可以分为三个阶段：第一个阶段是早期概念阶段，即20世纪80年代至90年代；第二个阶段是概念形成阶段，即20世纪90年代至21世纪初；第二个阶段是完善概念阶段，即21世纪早期到现在。

在可持续发展教育的内涵不断演变的同时，不同的国家和机构对可持续发展教育概念的理解也有着不同表达。虽然它们对可持续发展教育的表述形式不一样，但是所诠释的内涵基本相同。

可以从三个方面来理解可持续发展教育的含义：首先是可持续发展教育的目标，其次是可持续发展教育的内容，最后是可持续发展教育的策略。总之，可持续发展教育由目标、内容、策略三部分组成。

首先，可持续发展教育的目标是实行可持续发展教育希望实现的价值，即实现"可持续发展的教育"。

其次，可持续发展教育的内容主要是指可持续发展本身的内容，是一种狭义的可持续发展教育。

最后，可持续发展教育的策略实际上是实现可持续发展教育的手段和方式，在教育内容、战略、方式、评估等方面都有特殊的手段。可持续发展教育是指与可持续发展相关的教育活动，以实现可持续发展教育的目标，这些活动所采用的策略有多种。

2. 可持续发展教育的特征

（1）跨学科。可持续发展教育横跨多门学科，吸收和利用了许多学科领域的学术知识。因此，可持续发展教育具有鲜明的跨学科特征。然而，每个学科领域都有自己的研究课题、研究理论、研究框架及研究术语等，不可能通过一门学科承担可持续发展教育，多门学科一起进行是必须的。换句话说，可持续发展教育的实现需要从不同角度和方向进行研究，不仅如此，还要通过各种独特的教学法来教学，让受教育者理解可持续发展。

（2）主动性。可持续发展教育强调主动学习而不是被动接受知识。不仅如此，可持续发展教育强调学科教育的特点，关注的是受教育者的学习过程，要求受教育者主动获取知识，体现了受教育者的主体地位。

（3）参与性。与可持续发展教育相呼应的是终身教育，其目的是帮助受教育者形成可持续发展的意识，使他们具备所需的知识、技能等。不仅如此，可持续发展教育可以说是全民教育，需要社会上所有人都参与进来，希望创造一个可持续发展的社会。可持续发展战略明确包括社会的方方面面，涉及的领域非常广泛，需要每个人的参与，发挥出自己的努力，献出自己的一份力量。可持续发展教育充分展现了以人为本的教育思想，可持续发展教育的最终目标是希望人能够实现可持续发展。

二、可持续发展教育的学校推进措施

人类无论怎样推进自己的文明，都无法摆脱文明对自然的依赖。人与自然就像一盘互相对弈的棋，而且这是人类永远无法胜出的一场博弈。宇宙按其自然规律演化，如果人类违背这些规律，最终失败者必定是人类，即使攫取到一些满足，但最后连生存都将不可持续。所以，人类需要一场革命来拯救自己的命运，需要在反思中建立一种新的人与自然可持续发展的文明，而学校应该成为这场革命的主阵地。

（一）明确可持续发展教育的核心内容

可持续发展教育的产生源于可持续发展战略，在可持续发展战略中，可持续发展教育是非常重要的一部分。可持续发展教育的核心内容主要是让师生了解它的基本内容及主要目的，即人类与环境发展的关系。通过可持续发展教育，让学生建立正确的价值观念，可持续发展、全球一体化、科学利用资源等。开展可持续发展教育的目的是让学生对人类与自然和谐相处有重要认识，从而学到一定的环境保护知识，并对可持续发展过程提出多种解决方案。通过关注环境问题，学生能树立正确的环境保护观念，同时发展自己的可持续发展意识，培养可持续发展的情感态度，目光更加长远，能够认识到自己未来的发展对整个自然环境、社会、世界有着怎样的影响。

（二）加强可持续发展教育的师资培训

教师是实施可持续发展教育的领导者。因此，在可持续发展教育的实施过程中，应该采取积极有效的措施加强教师对可持续发展教育观念的认识。同时，为了师资力量的可持续发展，学校及相关部门应采取多种方式增强师资力量，如定期举办研讨会、实地会议、专题讲座等，并借助互联网分享自身经验。不仅如此，还要为可持续发展教育培养骨干教师，开发可持续发展课程。教师自身要加强知识储备，顺应时代发展，及时完善教育观念，不断创新教育方法。

要实施可持续发展教育，一支高水平的师资队伍必不可少，可以由专家、学者、研究人员来组成这支师资队伍。可以采用研讨、交流、研究等培训方式，以专题形式开展，培训内容要考虑现阶段可持续发展教育中存在的问题，根据各个学校的实际情况确定。应重视提高教师对可持续发展的认识，让教师心中的可持续发展价值观更加深刻，形成可持续发展教育的态度，掌握相关教育教学技能。这种培训方式可以让教师主动去理解和接受可持续发展教育，不断地提高自己的教育技能，最终成为真正的实践者、传播者和推动者，让可持续发展教育得到更好的发展。

（三）增加媒体宣传和政策实施力度

学生在接受了可持续发展教育后，能够获得相关知识，掌握必备技能，形成可持续发展教育所希望的三观，能够对自己生活的社会和自然有清醒的认识，最重要的是能学会尊重。尊重生存和生活的环境、地球资源，以及自己所接触到的人和事，能够容忍差异性的存在，最终促进经济、社会以及环境的可持续发展，能够通过可持续发展的方式创造更美好的生活。要实现这一美好愿望，政府相关政策至关重要，而媒体宣传的作用也可能产生乘数效应。然而，在具体实践过程中，政府政策方面和媒体宣传方面都存在一定困难。可持续发展教育虽然有着深远的意义，但是并不是全社会的人都能够认可、重视，这也导致可持续发展教育无法发挥出它的作用。因此，要让可持续发展教育顺利发展，大众媒体就必须承担起宣传的责任，同时也必须有相关政策和方针做有效支撑。

尤其是在我国进行可持续发展教育，不仅需要相关的政策法规作为支持，更要在学校的日常课程中体现可持续发展教育的思想。与此同时，为了在学校全面落实可持续发展教育，与之匹配的监督体系和评价机制必不可少，这需要在发展过程中做到连续性和制度化。这是至关重要的一点，因为任何教育都需要坚持不懈的努力，需要不断进步，它所起到的作用要经过较长时间才能显现出来。

（四）通过学科教学渗透可持续发展教育

可持续发展教育可以通过多种方式持续开展，主要包括建设特色校园文化、设置学科教学、开展主题教育、策划课内外的综合实践教育活动、可持续发展教育地方特色课程等，这些都是正在实施的有发展可能性的教育方式。这些可持续发展教育活动涵盖了学校教育全过程，涉及学生在学校生活的方方面面。在实现可持续发展教育的道路上，学科教育是最主要的方式，在学科教育中核心是尊重，这也是可持续发展教育价值观的重点。学科教育为学生的价值观念奠定了基础，让学生愿意投入到可持续发展教育中。尽管当前可持续发展教育研究存在阻碍，关于如何在课程教育中将可持续发展教育落实下去还在不断探索的阶段，但教师必须发挥课堂教学的作用，努力实现可持续发展教育的目标。

要在学科上实施可持续发展教育，可以通过自主开发可持续发展课程来完成，即选择和教学主题相关的可持续发展教育内容，让两者有效结合，从而形成可持续发展课程。这门独立的课程可以帮助学生系统、全面了解关于可持续发展的知识，掌握相关技能。不仅如此，这门课程也能帮助教师评估教育的有效性。但是，采用这种方式的国家还很少，因为这门课程实施起来存在一定困难。

第三节　学校卓越品牌的建设

学校品牌是一所学校在长期的教育实践过程中逐步形成并为公众认可、具有特定的文化底蕴和识别符号的一种无形资产。学校是一个培养人的社会组织，学校品牌具有"着眼于人""崇尚个性"和"延迟评价"的特点，它是对学校个性的进一步强化与提升，是校园文化特质的一种具体展现。

一、品牌认知

在中国古代陶瓷的生产中，工匠们在陶瓷上打上印记，用以区分不同生产者的产品或劳务。早期意大利威尼斯的金匠、银匠在器皿上铭刻自己的姓氏，以证明产品的真实性和可靠性，后来这些逐步演化成商品贸易时打在外包装上的印记。这些其实就是一种原始的品牌意识。然而，对品牌和学校品牌的理论研究却是20世纪中后期才开始的。

广义的"品牌"是具有经济价值的无形资产，用抽象化的、特有的、能识别的心智概念来表现其差异性，从而形成在人们的意识当中占据一定位置的综合反映。狭义的"品牌"是一种拥有对内对外两面性的"标准"或"规则"，通过对理念、行为、视觉、听觉四个方面进行标准化、规则化，使之具备特有性、价值性、长期性、认知性的一种识别系统的总称。

品牌最持久的含义和实质是其价值、文化和个性。品牌是一种商业用语，品牌注册后形成商标，企业即获得法律保护并拥有其专用权。品牌是企业长期努力经营的结果，是企业的无形资产和载体。可从以下几个方面来理解：

（1）属性。品牌代表着特定商品的属性，这是品牌最基本的含义。

（2）利益。品牌不仅代表着一系列属性，而且还体现着某种特定的利益。

（3）价值。品牌体现了生产者的某些价值感。

（4）文化。品牌还附着特定的文化。

（5）个性。品牌也反映一定的个性。

（6）拥护。品牌暗示了购买或使用产品的消费者类型。

二、学校品牌的内涵与价值分析

学校品牌就是教育服务产品的生产要素，即校长、教师、课程、学生、客户服务、校风传统等因素的培养和有机结合的过程，在此过程中提供既区别于竞争对手又发挥自身特色的教育服务产品，在满足消费者教育需求的同时塑造学校的形象、符号与象征，以此引起消费者的偏好、共鸣与追随，进而赢得持续的竞争优势。

（一）学校品牌的内涵与外延

关于学校品牌的定义，引用黑格尔的话做一些补充说明："人们总以为一个定义必然是自身明白的、固定的，并且是只有根据它的前提才可以规定和证明的，至少也由于没有人知道，一个定义的意义和它的必然证明只在于它的发展里。这就是说，定义只是从发展过程里产生出来的结果。"学校品牌定义的内涵及外延也必将随着学校品牌管理相关实践的发展而不断丰富、修正及完善。

1. 学校品牌是一种识别符号

任何一个品牌都具有其特定的识别符号，这是品牌必不可少的组成部分。品牌之所以成为品牌并能够被记忆和区分，首先是因为它具有独特的识别符号。一个富有个性的识别符号，能够整合和强化人们对一个品牌的认同，成为人们记忆品牌的工具。当人们感知到某种特定的符号时，就会产生相关的"品牌联想"。例如，当某个人看到或听到"北京大学"这四个字时，他（她）可能会想起蔡元培先生，想起"五四运动"，想起"一塔湖图"或者其他。人们对品牌的认知程度不同，所产生的"品牌联想"也不同。从显性的层次看，品牌是一种名称、标志及其组合运用，一种显示产品个性并使之与其他产品区分开来的识别系统。

学校的名称和标志是学校品牌最重要的识别符号。有关研究表明，人们头脑中的品牌认知是一个"网络结构"，其核心是品牌名称，围绕着它的是诸多"概念节点"。因此，经过长期的接触并形成品牌经验后，人们一看到特定的品牌名称和标志，就会激起以这个品牌名称为核心的"记忆结构"，唤起关于该品牌的各方面的联想。品牌名称是指品牌中可用语言称谓表达的部分，包含文字、字母和数字。品牌标志是品牌中可以识别但不能用语言表达的部分，包括符号、设计样式、特殊颜色或字体。一所学校的名称和标志的背后可能隐含着很多动人的品牌故事，名校之"名"是一代又一代师生、员工用智慧和汗水写就的。精心设计学校的名称和标志，并依法登记注册，重视校名校史教育，是创建学校品牌的基础工作之一。

2. 学校品牌是一种文化载体

文化藏于品牌之中，是品牌的灵魂，文化承载着品牌。文化与品牌相互融合、相互烘托。校园文化与学校品牌亦是如此。正是校园文化的丰富，才使学校品牌蕴含着深刻的含义；正是学校品牌的深刻，才体现出校园文化的多彩魅力。如果一个品牌只考虑品牌特有的功能及表面上能看到的效果，而不是从品牌本身的价值去考虑消费者的深层次需要，那么，它就不能成为一个成功的品牌。

谈到南开中学，人们会记起张伯苓先生及一条校训"允公允能，日新月异"；谈到清华大学，人们会记起梅贻琦先生以及一条校训"厚德载物，自强不息"。由此可以看出，知名的学校之所以知名，还是因为其独特的文化意蕴。文化特点，对学校内部来说是作为学校品牌的灵魂而存在，可以凝聚学校中所有人的力量，共同创建更好的校园文化；对学校外部来说，则是作为一种品牌，起到传播和宣传以及获得价值认可的作用，它在帮助人们区分学校品牌，了解不同学校风格特点的过程中起到重要的作用。

学生的发展具有差异性，学校的教育不是一种单一、程序化的教育方式，而是通过一种"人培养人"的人文主义方式，根据学生不同的特点及特定的文化环境，在潜移默化中发挥教育的作用。人总是不自觉地受到文化的熏陶。倘若一个学校品牌只是空有其表，而没有文化的点缀，那么它将会死气沉沉而最终被淘汰。品牌之所以能成为品牌，不仅是因为它蕴含着丰富的文化内涵和价值，更重要的是它还包含着一种社会责任，这是连接学校内部与外部的桥梁。倘若一个学校的品牌能够符合消费者的需求，取得消费者的价值认同，那么就能产生一种凝聚性力量，扩大"品牌张力"。因此学校品牌要取得社会认同，必须具有文化品位。

3.学校品牌是一种公众认可

品牌中的"品"，由三个"口"构成，它可以成为"众口交赞"，也可能导致"众口铄金"。学校品牌能否成功，不在于学校，而在于公众。学校公众包含内外部的公众，它是和学校互相作用的个体、社团或组织。教师、学生及相关的工作人员组成学校内部公众，而与学校相联系的如高层领导、学生父母、以往毕业的校友、社区相关人员、友邻单位、兄弟学校、从事相关研究的专家博士学者们、新媒体等组成学校的外部公众。不管是内部公众还是外部公众，都与学校品牌建设息息相关，没有他们的认可，学校品牌也就无法作为无形的资产而存在。这种资产的存在，实际上蕴含着品牌和消费者的关系，也蕴含着学校与社会的关系，需要在长期的相互理解、交流中日积月累。有形资产会逐渐消耗，而无形资产的价值在使用中会逐渐增大，不会损耗。

学校是处于社会大网络中的一个节点，不是单独的个体。学校组织有自己的边界，是一个具有开放性的系统。它通过持续地同外界进行物质交换来获得生存和发展所需的资源。以这种方式取学校发展所需，体现了"学校能力"。不同的学校都有自己的目标公众和相关资源，合理利用自己拥有的资源，可以进一步拓展学校进步和发展的空间，获取更多、更有把握的发展机会。这可以通过两个方面实现：首先，要树立好的校风校纪，提高学校的教育质量；其次，必须重视与公众的关系，与公众保持密切沟通。学校各项措施的开展，都依赖于公众，公众对学校的相关评论会影响学校品牌的建设。学校品牌就犹如绵延长河中的一叶扁舟，学校应该深谙"水能载舟，亦能覆舟"的道理，重视公众的感受，聆听公众的意见，获得公众的支持，这样才能更好地创立学校品牌。换句话说，学校品牌其实是公众对学校拟人化的印象和评价。

（二）学校品牌的价值体现

学校品牌以学校的办学观念为指导，统筹兼顾理念系统、行为系统、视觉系统，依靠一定的举措，使学校办学理念不再是无力的口号，而成为学生和教师心中的信念。学校品牌的价值不仅体现在学校和学生的发展上，也体现在社会的进步上，具体有以下几点。

1. 学校品牌的知识性价值

学校是培养人的地方，一个学校具有怎样的办学理念，就会有怎样的办学目标。二者总是相辅相成。首先，学校品牌所蕴含的先进的办学理念，有助于形成重视实践与创造、培养德智体美劳全面发展的学生的目标，大幅提高学校的办学水平。同时，倘若辅以规范化的举措，就有利于形成良好的校园风气、教学风气和学习风气，使学生学习兴趣得到提高，促进学生保持积极向上的心态，选择正确的学习方式。学校品牌还可以起到规范行为的作用，使学生在基础教育过程中注意规范自己的行为，养成良好的学习习惯，这不仅对他们当下的学习有好处，长远看来，也使他们受益匪浅。其次，学校要拥有好的学习氛围，就必须营造好的学习环境。如网络资源的积极提供、学校图书馆的实时更新等是作为学校的硬件设施而存在的，只有硬件设施跟上了，才能解决新的问题。给学生营造一个优美的、安静的学习环境，使学生愿意学习、喜欢学习、懂得学习，有助于提高学生的文化素养。最后，学校要基于其办学理念，积极开展丰富的课外活动，培养学生的创新精神和思维能力，激发潜能。要积极鼓励学生参加社会实践活动，锻炼学生的实践能力和组织能力。总之，基础教育阶段的学校品牌至关重要，它会对学生产生重要的影响，影响时间甚至可能是一生。

2. 学校品牌的社会性价值

社会化涉及个体与社会两个方面，是一个人由自然人转变为社会人的过程。人处于社会之中，必然会经历社会化，成长的过程也是社会化的过程。中小学阶段的学生生理心理渐趋成熟，但心理比较敏感，易受影响。此时的社会化水平与学生的发展息息相关，对将来的社会化也会产生一定影响。如果一个学生有坚定的信心，在学习上就会更加积极，这对他的学业及未来的发展都有好处。个体的社会化有以下两个任务：

第一，个体要掌握一定的社会行为规范。

第二，个体必须具备按规范行动的品质。基础教育学校品牌的建设有助于推动中小学生的社会化进程。学生行为规范是学校品牌的重要组成部分，学生需要遵守《小学生守则》《中学生守则》《小学生日常行为规范》《中学生日常行为规范》等统一性规范，还要遵守学校的规章制度。无论是统一的行为规范，还是学校的规章制度都是建立在对社会规范的理解的基础上，与社会规范有"同质"的成分。学生对规范的遵守有助于对未来学习、生活、工作的适应，如对上课不迟到、不早退、不旷课等规范的遵守，有助于在工作岗位上对不迟到、不早退、不旷工等规范的遵守。更为重要的是，通过对规范的遵守，可以形成规范意识与习惯，这有助于他们对社会规范的理解和遵守。

3. 学校品牌的传播性价值

校园文化是学校品牌的灵魂，作为亚文化存在于社会文化中，受到社会文化的影响，而这种影响体现在学校品牌的建设过程中。在这个过程中，充分梳理和宣传文化的内涵，会促进学校品牌建设的宣传，使社会大众更加了解学校的办学理念、培养目标、发展前途以及学校实现目标的办法和手段等，有助于学校取得社会支持，从而提高学校的名气、名誉及忠诚度。先进的办学理念还能影响社会，从而提高社会大众的总体文化水平。倘若学校品牌宣传的是一种素质教育和全面发展的办学理念，那么社会大众也会进一步了解素质教育的含义；倘若学校品牌只注重升学率及成绩，那么也会使社会形成一种只注重分数的不良风气。因此，学校应该为学生服务，为社会服务。作为学校品牌的承载体，不同于别的承载体，学生承载着学校品牌的文化内涵，学校品牌深刻的文化内涵对学生的发展有着重要的作用。中小学阶段的学生会作为基础教育学校品牌的承载体，并受其影响，逐渐成长并进入社会，对自身及其周围的人和环境产生影响。

4. 学校品牌的思想性价值

中小学阶段的学生身心逐渐成熟，世界观、人生观、价值观也在逐渐形成和发展，在这个特殊时期，学校品牌可以为其提供必要的思想政治教育。学校在教学活动过程中不断发展、使人奋进的感动故事，学校各种建筑物及标志承载的深刻内涵，学生与教师之间的相互理解，教师的行为，学校开展的丰富多彩的校园活动以及社会各界对学校品牌的支持和认可，都在学生的日常学习生活与活动中，不断渲染着学生的思想，"润物细无声"，使学生的思想品德获得发展。

当然，学生思想品德的形成不是空口无凭，而是真正付诸实践。正所谓"察其言，观其行"，思想品德的培养不是纸上谈兵，否则培养出来的只是思想道德知识的收纳者，而不是吸收者和实践者。学校品牌建设过程中，好的氛围可以促进学生形成优秀的行为习惯。例如，当一个学生去食堂吃饭时，如果每个人都排队有序，井井有条，该学生就会随大众，自觉排队。相反，如果食堂非常混乱，该学生也会随大众，认为不排队没有问题，这种思想还会影响到他未来的生活。

5. 学校品牌的美育性价值

素质教育要求德智体美劳全面发展，学校品牌教育使美育走进人民大众，受到人们的关注。美育是素质教育中重要的组成部分之一，它使学生有审美的观念，培养学生懂得审美并在审美的过程中感受到趣味，从而形成一种审美感受。

学校相关设施设备、环境及相关标志的设计等，都是学校品牌建设的一部分。美丽的校园环境可以使人的心灵得到净化，使人的情感得到升华。走在一条清幽的小路上，看到一座假山，看到一汪池塘，或是看到一棵挺拔的大树，都能让人有一种审美的愉悦感，使教师和学生在忙碌之后，舒缓自己的疲惫。那些凝聚着共同智慧的学校标识、学校代表性的建筑、学校中优秀教师的事迹及具有学习榜样作用的校友们的故事，让人热血沸腾，鼓舞师生积极向上。

三、学校品牌的系统构成要素

学校品牌的建立，离不开校园形象设计理论及文化水平。形象设计理论中，学校品牌涵盖三大系统：理念、行为及视觉系统。这三大系统相互协调，建立起学校的品牌效应。文化涉及价值、规范、符号及物质文明。校园的文化又细分为三个层面：制度、物质和精神层面。在这些理论的基础上，基础教育品牌构成的三要素为理念、行为和视觉。

（一）理念系统

学校品牌的重点是办学理念，这也是学校构建视觉体系及品牌行为的前提，是一个学校进行品牌传播及定位的切入点，是对品牌进行评价的依据。

1. 办学理念的内涵

一所学校的灵魂在于办学理念。办学理念涵盖办学的目标、宗旨及策略，涉及学校的校风、校训、学校规则、办学理念、育人目标、精神偶像、学习方式、教师形象、文化等多个方面，其中的每一方面均应仔细研究，使理论在实践的过程中达到完善。优越的办学理念，对内是一种凝聚力，对外则是一种竞争力。

学校的办学理念一般来自教学实践，它是对教学规律的一种认知，同时也是对学生发展情况的进一步研究，是对学校未来发展状况的期许，进而形成理念系统。学校要自觉完善其办学理念，将办学行为规范化，而不只是依靠一些经验与行政指令。办学理念要充分展示学校的发展情况，反映教师与学生的认知力。没有文化品位的学校，就如同暴发户一样，缺乏内涵，单薄不充实，这样的学校缺乏一定信誉，也没有品牌之说。

办学理念是全体教师与学生的一种期许和追求，若教师与学生拥有一致的期许和追求，就有助于形成相同的价值观念。教师与学生的价值观应与学校的价值体系一致，这样教师与学生才会产生一种归属心理。教师和学生也应将自己看作学校的一部分，并愿意为学校的发展奉献力量，愿意将学校的发展同自身的生活经历相结合，以实现有序、可持续的学校品牌构建工作。

2. 构成办学理念的要素

总的来说，教育问题有两个重要方面：教育目标和教育方式。也就是"因为什么""做什么""如何做"。"因为什么"离不开学校的使命，这是学校与其他团体的不同之处；"做什么"体现着培养学生的本质，也就是学校的育人目标；"如何做"关系到学校以何种途径达到培养人才的目标、怎么开展教学活动。基础教育学校的品牌理念体系主要体现在下面几点：

（1）教学的本质观。教育在本质上的变化，主要是从原先固定的教育主体，过渡为一种具有规定性的、具体的存在方式，这一过程展示了教育主体对其价值的认同感，也是一种对构建性教育的实践过程。应解释出教育终研的含义。

（2）教学的目的观。教育的着眼点及归宿是教育最终的目的，也是其理论的重点所在，直接制约着教育的实践，可以解释教育要做什么的问题。学生的多元发展离不开基础教育，基础教育也是其终身发展的基石，是提升国民素质的保障。

（3）教学观与课程观。当教育的目的十分明确时，教师要教什么？学生们需要学习什么？教师应该怎么教学？学生要怎么学习？这些问题都和教学观与课程观有关。在传统教学观念中，学科将要素论、结构论和泰勒的目标模式作为基础理论，当前的基础课程以及教学的改革内容应突出"以学生为本"的目标，并明确如何实现这一目标。

（4）学生观和教师观。教育的过程中，教师应该有何种教育观念？教师应具有什么样的职业素质？教学活动时，教师所扮演的角色是怎样的？教师该怎么对待学生？怎么评价学生？教师与学生间的关系又应如何？这些问题都应该给予正确的处理。

（5）教育管理观。怎么科学地配置人力、财力与物力？怎么可以实现学校教育水平的最大化发展？教育的管理怎么才能与时俱进？处理好这些问题才能形成正确的教育管理规划。

3. 理念系统的表述方式

如何表达理念系统，离不开构成要素的内在与外在的关联作用。其外在情况是构成元素对外部的一种表达方式，根据学校对品牌理念的理解，构成要素的表达方式涵盖了校训、校歌及学校仪式。

（1）校训。

校训是依据学校的核心理念，用简明的语言表达，为师生所遵循的指导规范。总之，校训是一种训辞。

　　校训反映了一个学校的办学理念，也高度概括了办学理念，反映了学校的文化传统。每个学校都有具体性和不可代替性，其复杂程度不能完全用理论来验证和解释。

　　一个学校独特的办学理念，由其本身的独特性直接决定，校训又是由学校办学理念的独特性来决定的，因此校训应极具特色，丰富多样。

　　现阶段，学校校训有一定同质化表面。就内容来看，"求实""创新""勤奋"等词出现较多；就形式来看，以"二字八字"的形式居多。出现这种现象的原因是，一方面各小学、中学在同一时期，主要课程、教育政策等相同，管理体系与模式相似；另一方面，大部分校对其办学理念的思考还不够充分，没有真正发掘出本学校的文化内涵，未提出独特的办学思想，因此没有产生符合自身发展的校训。

　　校训是对一个学校发展情况的深度概括。一个学校的办学理念，离不开多年来学校发展背后的思考与沉淀。学校的文化沉淀是最宝贵的精神财富，对这宝贵的财富应加以总结与发扬，并伴随着时代的使命，继续前行。所以，校训应是稳定、永恒的，不是"不断变化，随意升华"的。与此同时，学校会历经不同的发展时期，校训应具备不同的内在意义。

　　校训是对学校教育的深刻理解，也是对学生自身发展的诠释。在教育教学的实践中，会积累一些重要的经验与认知，这些经验与认知也逐渐融入教育理念中，理念经过高度总结，便诞生了校训。校训是对教学规律与学生发展具有重要指导意义的解释，校训应融入各种学校实践中，进而达到引导教师、学生言行的效果。

　　校训作为一种指导规范，是对学校全体师生的集体指导、勉励，它是教师和学生的行为准则。具有指导性和导向性的特点。它告知教师和学生该怎么说、怎么做，用何种精神面貌去面对问题。当学校精神与校外的社会氛围发生冲突时，校训形成的精神力量可以有效抵抗外界的侵扰。现阶段，有些学校的"校训"只停留在档案或报告材料中，停留在校园标识上，学校的教师与学生实质上不知道校训的内容，更不明白其中的文化内涵及意义、价值，也不会以校训的要求去规范言行，校训成为一种学校的装饰，失去了实际意义。

（2）校歌。

一个学校的精神、思想，可以通过校歌来体现，以振奋人心的话语、变化跳跃的音符，体现出学校的精神内涵。

校歌是一个学校文化的沉淀，浓缩了一所学校的追求与向往之情。校歌在提升学校知名度、竞争力方面有着重要的作用。1936年，抗日军事政治大学在瓦窑堡成立，它是工农红军大学的前身。成立之初，毛泽东便为学校制定了"坚定正确的政治方向、艰苦朴素的工作作风、灵活机动的战略战术"的办学理念。大学的校歌也是在这一背景下创作的。每每听到这首热情洋溢的歌曲，便不自觉地对这所大学产生敬重之情。

（3）学校仪式。

仪式是指举行典礼的程序、形式。学校的仪式很多，主要包括仪式化活动（如升旗、入队宣誓仪式、入团宣誓仪式等）、学校典礼（开学典礼、毕业典礼）和庆典活动（如"六一"儿童节、"五四"青年节、学校周年庆祝）等。学校仪式是学校的常规活动，是学校理念的有形载体，是对学生进行教育的有效方式。

仪式，实质上是一种重要的人生体验。处于不同教育阶层的人，其差异不但体现在不同的行为习惯、知识技能上，还体现在互异的生活经历上。举行升旗仪式时，庄严肃穆的氛围，能激发学生的爱国热情。小学时期的"入队仪式"，可以引导学生对自己的进一步发展有更深入的思考。"六一"儿童节的庆祝活动，不但使学生们充满期待，对成年人来说，也是一种美好的回忆。

仪式活动通常应经过精心的设计，对于何时、何地、谁、说什么、怎么做、如何说，都有相关规定，只有认真遵循这些规定，仪式活动才能顺利进行。为了突出活动的严肃性，这些规定不应轻易改变。学校的典礼、庆祝活动，应始终依据参加者、活动的实际情况，进行准备与调整，注重不同年龄段学生的兴趣所在，注重学生在这一过程中的思想的变化与收获。

仪式活动可以促进学校形成凝聚力。在举行仪式活动的过程中，学校的视野一次又一次得到强化，逐渐得到教师与学生的体验与认可，教师和学生可以通过情感的交流，形成文化的共同体。同时，在选择与安排活动的过程中，包括过程的规划等，都能进一步塑造与体现学校的教学理念。在仪式活动中，师生可以深切感受到学校的理念，进而演化为师生各自成长的内在动力。为了进一步使学校概念驱动教师与学生的发展，仪式在设置时，应注重情感的表达，包括背景、音效、道具等，均应精心安排，应该围绕学校的教学理念，结合学生的实际情况，达到鼓励与引导学生的目的。

（二）行为系统

1. 品牌行为系统的内涵

品牌行为系统是集体行为和实践。每个学校都有自己的办学理念和教学特色，从宏观视角可以理解为学校品牌行为系统，是根据一系列规章制度，统一协调学校内举行的各种活动，进一步形成一个制度化体系。学校制定的一系列制度关系到师生的校内外活动，是维持学校纪律必不可少的保障。当然，制度的存在与学校的发展密不可分，一旦学校有大范围的变化，必然需要对应的制度体系加以约束。

行为系统是学校品牌建设中不可或缺的一部分。学校各种文化活动的推动都是依靠校规制度和教师的道德教育。制度约束对学校工作而言，就是学校的管理制度。要办好一所学校，必须有章可依、有规可循。在此背景下，学校的教学理念才能有序实现，若没有校规校纪这些硬性制度的约束，单纯依靠柔性教育和视觉系统的熏陶根本不可能达到推行目的，学校内部的品牌提升也难以进行下去，平等、互爱、共同成长的办学理念更是无从谈起。学校管理是一个复杂工程，规章制度是学校教育教学活动正常开展的保障，也是学校走向法治的必由之路。缺乏了必需的学校管理制度，学校教育教学就不能正常运行，可能会导致学校教育秩序混乱。因此，在学校发展之初，柔性教育还是需要规章制度的保驾护航。

2. 品牌行为系统的特性

（1）刚性文化与柔性文化的结合体。学校制定的各种规章制度是所有师生共同遵守的硬性规定，带有一定的约束性质。然而，中小学生还处于思想萌芽阶段，无论是知识储备还是思想观念都需要提升。因此，考虑到实践中各地、各校、不同教育阶段实际存在的较大差异，学校可以结合本校学生特点，通过制定校规校纪将教育惩戒和表扬相结合，结合学生的现状，体现素质教育下的人文关怀。

（2）稳定性和创新性。学校制度的建立是一个漫长过程，它以教学方向为主导，秉承着教育育人的原则，在教育学生的同时，用行为规范约束学生。学校制度的建立并非由某个人或部门完成，而要得到全校师生的认可、理解、执行，因此学校各种规章制度一经敲定，便不能随意修改。学校内所有人员必须严格遵守校规制度，只有这样才能形成良好的教学环境。随着现代社会的发展和素质教育的推行，人们对现代教育有了新的认知，学校应废除或修改各项规章制度中一些不合理的地方，根据教育现状修正或者扩充新的制度，让其更加规范化，更适应现代化教学。

（3）系统性和生成性的统一。首先，学校制度由三部分组成：教育政策、学校规章制度、学校职能部门的制度。它们共同形成了科学和严谨的教育管理制度。学校应既重视学生全面发展，也重视学生的个性特长发展。学校管理要求以关心人、尊重人、激励人为指导，以解放人、发展人为目标，加强创新理念、学习理念和服务理念，切实将人作为学校管理的主体，使各项制度之间相互协调，互相补充，从而形成一个完整体系，进而挖掘个人潜力，实现个人价值，培养优秀人才。其次，对学校制度进行分类汇总，查看是否有相互矛盾的地方，如果有，各职能部门应进行调整。最后，无论怎样的学校制度，随着时代的发展，教育方式的改变，都会表现出不足或局限性。因此，教育制度的改革应该与时俱进，一切为了学生的发展。

3. 品牌行为系统的构成要素

学校品牌行为系统建设的根本是全方位建设内外制度系统，促进静态行为制度不断转化为动态制度。

品牌行为系统中最具活力部分如下：

（1）教育政策法规。

教育政策是党和国家为了实现一定历史时期的教育任务而制定的教育行动准则。教育法规是泛指国家权力机关以及由国家立法机关授权其他国家行政机关制定和颁布的有关教育方面的一切规范性文件的总称。依照教育政策法规从事教育、教学、管理、科研等活动，能够使学校工作逐步走上规范化、制度化和科学化的轨道。教育政策法规如《中华人民共和国教育法》《中华人民共和国义务教育法》《中华人民共和国教师法》等是基础教育学校必须执行的，同时也是学校制定各项制度的依据。

（2）学校章程。《中华人民共和国教育法》第二十九条第一款规定，学校应按照章程自主管理。学校章程是学校的纲领性文件，是学校的"基本法"，是连接教育政策法规与学校规章制度的纽带，是学校制定规章制度的依据，是设立学校必须具备的基本条件之一。学校章程是对学校重大的、基本的问题进行规范，主要包括学校名称、学校性质、学校办学宗旨、学校教育教学管理、学校行政管理、学校总务后勤管理以及教职工管理和学生管理等方面。学校章程是学校、教师、学生合法权益的保障，是学校工作正常运行的保障，是学校自主管理的保障，是避免外界的非法干预，减少自身工作的随意性，形成自主发展和自我约束的运行机制。

（3）组织机构。组织机构的设立要考虑两点：一个是学校组织的整体特点，另一个是特定学校的实际情况。学校组织有与其他社会组织不同的特点，这些特点在很大程度上决定了学校组织的发展规律和运行模式，成立学校内部专属的组织机构直接关系到学校管理及学校目标的实现。中小学组织机构的设立都是建立在实现学校目标的基础上，各个岗位职责分明，师生都有自己要履行的义务。由于各地区学校的生源不同，学生人数相差较大，因此，学校规模不大的组织机构可相对简单化，伴随招生人数的扩张，组织机构可随之增加责任岗位，比如之前由教导处负责的事宜改为由校长办公室、教务处、总务处等共同负责。总而言之，每所学校都有不同于其他学校的实际情况，这就是"校情"。学校管理的一切事务都必须从"校情"出发才会行得通且有成效。此外，组织机构的设立并非一成不变，可随着学校的发展进行修改和整合。同时，学校组织机构除了和教学目标同步外，还应具备一定的稳定性，保证教学工作有序开展。

（4）岗位规范。学校组织机构中设立的每个岗位都应做到专岗专职，岗位人员应严格遵守岗位规范，岗位规范的制定要有可实施性（包括任职条件、承担责任等）。要对师生建立责任分工制度，培养师生的工作责任感；建立竞争机制，优化奖惩制度，提高师生的责任意识和工作积极性。

（5）综合规章制度。随着学校办学规模的扩张及师生资源的增多，学校要建立一套行之有效的规章制度，以便约束校内师生行为。中小学校规章制度包括考核制度、奖励制度、人员制度、后勤管理制度、学籍管理制度等。这些规章制度的存在可使学校维持正常秩序，使教师和学生按部就班地完成各自的工作。

（三）视觉系统

学校的教学发展应以学生为主体，以教书育人为导向，以校园精神、文明为主要特征。独具特色的校徽、校旗，富有特色的校园设计等都能陶冶学生情操，激发学生积极向上。学校品牌视觉系统正是采用这种潜移默化的方式，帮助学生建立正确的世界观、人生观和价值观。

1. 品牌视觉系统的内涵

品牌视觉系统是学校品牌系统的静态符号。学校要本着"一墙一砖有灵魂、一草一木能说话，每个角落能悟人，每个场所能育人"的原则，以校园内的静态物体为传播载体，运用教育学、心理学、美学等学科，将学校的办学理念、教学方向无声地传达给每一位师生。根据心理学专家分析，人们每天接收到的各种信息中，视觉感官接收到的信息所占比例最高，也就是说，视觉感官是人们接收外部信息的主要渠道。基于此，在学校品牌系统建设中，强化视觉系统建设，优化校内设计，能大幅度提升学生对校园品牌的认可度。

2. 品牌视觉系统的构成要素

学校品牌视觉系统设计分为两部分：基础和应用设计。两者又细分为办公用品设计、宣传用品设计、人员服饰设计等。本书以体现校园特色的校徽、学校网站设计为着力点，探讨学校品牌视觉系统。

（1）学校名称设计。

学校名称设计是学校视觉系统设计的基本设计，是学校品牌视觉系统的基本要素，是学校品牌视觉系统的重要组成部分。学校名称可以分为以下几种类型：第一，以学校所在地命名，如杜郎口中学、河北衡水中学等。第二，以地名和数字序号的结合命名，如呼和浩特市第二中学、沈阳市第一二〇中学等。第三，带有浓厚的系统归属性质的命名，如沈阳铁路实验中学、辽宁师范大学附属中学等。第四，以学校某方面办学特色命名，如蒙古族中学、朝鲜族中学、回民中学等。第五，以学校的理想与追求命名，如行知中学、翔宇中学等。

在学校的发展过程中，学校名称的设计和再设计，是学校品牌建设的重要组成部分。学校名称一般应具有以下特点：

① 名实相符。在设计学校名称时，无论采用什么策略，都应该坚持实事求是，使学校名称与学校发展的实际相符合，做到"名如其校"。辽宁海城同泽中学是由爱国将领张学良将军于"皇姑屯事件"之后创办的，"同泽"二字取自《诗经·秦风·无衣》中的"岂曰无衣，与子同泽"（直译为：谁说我们没有衣穿？我与你同穿衣衫），勉励莘莘学子舍生忘死、同仇敌忾，可以说学校的名称表达了创办者及师生的共同愿望。

② 差异性。学校名称是校园文化构成的重要元素，是重要的无形资产，是区别于其他学校的基本标识。

③简易性。为便于记忆，学校名称以4~6个字为宜，而且名称设计应符合中文的句式特点和阅读习惯。

④ 稳定性。学校名称一经确定，就应该具有一定的稳定性，否则会让社会公众无所适从。不仅要确定学校正式名称，还要确定学校汉语简称、英文名称和缩写及国际互联网域名等。

（2）校徽设计。

校徽指学校的徽章。通常情况下，校徽会涉及学校名称以及一些文字和图案，它属于平面设计。校徽的设计既涉及艺术性，也涉及科学性；既涉及感性，也涉及理性。它集中体现了学校的品牌，是学校标志的一种。设计出彩的校徽能够带给人一种和谐的感受，还能够彰显学校的精神文化、信念或创办追求。

举例来说，清华大学的校徽既包含中文学校名称，也包含英文学校名称，还有校训、学校创办时间等因素。校徽中涉及清华大学的基本信息，还展现了清华大学的创校历史、创办追求。在设计校徽时，首先应该确定的是校徽形式，然后明确校徽的设计思路和方案。

校徽的设计形式主要有三种：

首先，表音形式。顾名思义，是指校徽的设计主要由学校名称当中的主要文字或主要字母构成。有很多学校的校徽设计使用这种形式，但是需要在此基础上对文字或字母进行艺术处理，美化校徽形式。由于构成校徽的文字或字母是根据学校名称演变而来的，因此，这样的校徽形式有助于社会公众联系到学校本身，能够将学校的信息传递出去，但是这种形式的缺点是可能会有些单调。

其次，表形形式。顾名思义，就是校徽的设计主要是由图形或图案构成的。图形本身就具备象形含义，在此基础上，设计师再进行一定处理就会让图形或图案有强烈设计感。这种形式的缺点是很难通过图形联想到学校。陶行知在创办育才学校时，校徽设计使用的就是表形形式。他对校徽当中的设计内容的解释是这样的：他指出，校徽中的连着的三个红血轮指有生命力的学校、世界及历史，分别代表全校一体，世界一体，古今一体。除此之外，校徽还体现了以下方面的含义：其一，代表智慧、仁义、勇敢；其二，代表真善美；其三，代表工、学、团；其四，代表教导和学习的结合；其五，代表自然、社会及劳动；其六，代表机器、头脑及双手；其七，代表直面困难、分析困难并解决困难；其八，代表对社会的认识、适应及改造；其九，代表对过去的反思、对当下的把握以及对未来的创新创造；其十，代表认可与否定。

最后，音形形式。也就是表音和表形的结合，这种形式结合了上述两种形式的设计优点，并规避了以上两种形式的某些设计缺点。设计师通常会推荐这种形式。举例来说，哈佛大学的校徽要素中，除了学校名称、书籍符号、书籍图案之外，还有VE、RI、TAS三个词，这三个词连在一起的含义是"真理"，这一点和哈佛大学的校训吻合。人们看到校徽就会自然而然地想起哈佛大学的校训——与柏拉图为友，与亚里士多德为友，更要与真理为友。

（3）学校标准色设计。

人的视觉对色彩的反应比较灵敏，色彩能够表现出强烈的文化诉求。通常情况下，企业在设计自己的标志时都会使用标准色。如可口可乐使用的红色标志，百事可乐使用的红色和蓝色相间的标志等。同样的道理，学校品牌在设计时，也避免不了会涉及标准色。学校应根据自身的文化、特色选择某一个色彩或某几个色彩。在设计中使用标准色能够快速地抓住公众的眼球，加强公众对校徽的记忆，进而达到传播学校品牌的目的。比如，南开中学校徽使用的标准色是青莲紫，莲代表学校有出淤泥而不染的独立和清醒，紫代表紫气东来，意思是学校会有非常美好的未来。再比如，广州市培英中学的校徽使用的是白色和绿色的搭配，这两个颜色体现的是教育的纯洁、教育的崇高以及教育代表的希望，学校也通过这两个颜色的选取彰显出培养坦诚、清白、有朝气的下一代的目标。

（4）学校网站设计。

当今时代是知识经济时代，也是信息时代。经济的快速发展、信息技术在教育领域的普及和应用为教育的发展带来了全新的机遇。很多学校也开始建设自己的专属网站，网站的建立为师生提供了便利。但是，也有一些网站建设得不健全、不完善，没有为师生提供足够的教学资源，网站设计没有体现出个性，网站内容没有及时更新等问题凸显。

应该加强中小学学校网站的建设力度，将中小学学校网站发展成本学校的主要信息交流平台。在网站中为教师提供教学相关信息、科研信息，为学生提供学习资料，及时发布管理信息，让网站成为连接学校和师生的桥梁。有很多学校在网站建设方面做得非常好，网站中的内容也丰富多彩。举例来说，北京师范大学第二附属中学的网站除了基本的学校简介外，还涉及教学园地、教育科研、学生频道、教师频道、德育之窗、党建动态、对外交流等内容。再如北京四中的校园网站，除了涉及学校概况外，还包括学生工作频道、党建频道、图书馆频道、招生频道、国际校区频道、四中校友频道、新闻动态频道及四中网校频道等。纵观所有的中小学学校网站发现，网站的建设内容中既有相同之处也有独特之处。

（5）学校建筑设计。

校园中有各种各样的建筑，这些建筑可能是学生学习的区域，也可能是学生生活的区域，还有可能是各种活动训练的场所。除此之外，这些建筑也负责保护学生安全，为学生提供愉悦的学习环境，让学生能够在舒适的环境中有所成长、提高。对于学生的发展来讲，优美的环境至关重要，相关研究表明，在学生的学习影响因素中环境因素占有重要比例。举例来说，温度对学生学习的影响是相当大的，研究表明，环境温度在18℃到20℃之间时，学生能够获得最高的学习效率，超过这个范围的温度都会导致学生的学习效率降低。此外，学校必须配备物质资源，物质资源是学生学习以及受到完整教育必不可少的一个基础条件。与此同时，物质环境的建设会影响到学生精神世界的发展，会在潜移默化中影响学生的观念形成与习惯养成。

纵观学校建筑的发展史，可以将学校建筑发展大致分为三个阶段：

首先，没有特定形象的发展阶段。在20世纪初之前，学校是没有固定的教学内容的，学校的教学形式也非常多元化，每个学校的管理也都有各自的特色。这个时期通常就地取材，利用周围的寺庙、祠堂、官府的房屋来建设学校，对建筑也没有固定的标准和要求。

其次，有标准形象的发展阶段。在20世纪初之后，西方教育学家提出应该对学校进行标准化的管理，他们的思想对学校发展产生了深刻影响，学生学习的知识和内容有了标准化的规定，学校的管理也明确了标准化的制度。学校的建筑也不可避免地受到了影响，建筑风格偏向于经济型、实用型。这样的建筑风格提高了建筑的使用率，使建筑具有极大的经济价值和效率价值，但是过于注重经济和实用导致建筑呆板，没有生机，教学氛围不活跃。

最后，多样化形象的发展阶段。在20世纪70年代之后，学校的发展理念发生了变化，对学生的培养开始注重个性化、多样化，教学内容也开始注重多元化，教学方式也更加丰富。受其影响，学校的建筑也开始步入多样化形象的发展阶段。建筑只有进行多样化的改变才能够满足教育内容、教育形式的需求。这一时期建筑建设主要遵循的理念是以人为本、天人合一，与此同时，也追求建筑自身个性的表达。通过以上分析发现，建筑风格会受到教育理念的影响，在每个发展阶段建筑的风格和教育理念的要求都是契合的。

学生在小学及中学的学习时间非常长，这段时间的学习会对他们的人生发展产生重要影响。为了使学生身心得到更好的发展，学校建筑在建设时应该符合以下几个原则：

首先，复杂性原则。学校建筑在建设时应综合考虑学校的地理位置、采光、通风、取暖等要求；要考虑到学校所处地区的文化环境、文化风俗及当时的社会特点；要考虑学校的发展历史、发展目标以及当下的发展状况；要兼顾学校教学任务和师生身心发展的需要；建筑的设计要符合国家提出的中小学校建筑标准，同时彰显学校本身的独特风格；学校建筑整体的风格设计要与周边的自然环境、社会环境和外在的整体环境相融合、不突兀，与此同时，学校的内部建筑要保持统一的风格。

其次，发展原则。学校是要长久存在、长久经营的，所以学校建筑必须符合学校长期发展的要求，还要考虑到学校未来的发展方向。也就是说，学校建设在设计时要考虑到取暖、通信、照明等方面的改造要求，还要让建筑满足学校开展教育活动的需求。社会在不断发展变化，教学活动也要随之变化，以满足未来学生对教学的需求，因此，学校建筑在设计的过程中应该为学校未来的发展预留出一定空间。与此同时，学校建筑应该尽可能地节约资源，尽可能减少对环境的伤害，不超出周围环境的承载能力。只有这样才能保证学校持续发展。

再次，参与性原则。学校建筑的设计应邀请教师和学生参与，以激发他们对学校建筑的热爱，让他们自觉保护学校环境。教育的艺术性在于除了让人发挥教育作用外，还应该让学校内部的一草一木、一景一物都发挥育人的作用。让学生参与到教学环境的建设当中，有助于学生和教学环境融为一体，有助于发挥教学环境的教育作用。

最后，以人为本原则。这里的人指的是学校师生。学校除了为师生提供学习和教学的场所外，也应为师生提供交流、休闲、娱乐及运动的场所。也就是说，学校建筑的设计应考虑到学生的多元化需求，只有学校建筑满足了学生的多元化需求，学生才可能成长为全面发展的复合型人才。

四、学校品牌的创建策略

实践中由于缺乏学校品牌创建理论的支撑，加之对学校品牌创建意义的领会各异，学校品牌创建的结果不尽如人意。舍本逐利的乱象使学校品牌丧失了与生俱来的教育性，校长的轮换更迭使学校的办学理念处于"变脸"的窘境，校园的异地重建令学校建筑文化遭到彻底毁灭。学校品牌何以割裂历史而穿越？如何客观、冷静、全面地审视学校品牌创建？如何突破从特色到品牌的发展瓶颈？策略是无法回避的理性思考和现实考量。

（一）以质量建设为基础创建学校品牌

1. 学校品牌的定位特征与策略

学校在品牌定位时，需要从社会公众人的角度出发，针对学校的实际情况科学合理地分析，确定学校未来的实践目标和发展方向。品牌定位是为了获得社会公众的认可，品牌定位后，学校将有明确的建设目标、发展方向，学校会从各个方面全面提升整个学校的建设水平。在确定学校品牌定位时，要结合社会的发展需求，要让学校的发展符合社会发展需求；要考虑到学校自身的发展历史、发展过程，让学校在发展过程中积累的文化底蕴成为学校未来发展的助力；要结合学校目前的情况，如学校所处的环境、师资队伍情况、物质资源情况、生源情况等；要得其他学校的发展状况、发展特色、发展优势、发展历史纳入学校品牌定位的考虑范围。学校在确立自身品牌定位时要以教学规律及学生的发展规律为基础，也就是说，品牌定位应体现科学性及针对性，要让学校品牌定位为学生未来的发展提供科学合理的帮助。与此同时，学校品牌定位还应该体现教育的基本特点，还要面向全民，有普适性。

（1）学校品牌定位具有的特征。

第一，体现了内部因素的统一。学校在确定品牌定位时，应该首先明确学校遵循的教育理念，以教育理念为中心，确定教学定位及学校的视觉形象定位。除此之外，还应该确定学生形象、教师形象、管理者形象、学校教学形象、管理形象、宣传形象的定位。只有确定了各方面的定位后，学校品牌定位才能更加饱满。不同的定位应该符合统一标准，应相互协调、相互补充，不应该存在矛盾和抵触的地方。

第二，体现了学校发展目标之间的统一。学校在品牌定位时，不能仅仅根据眼前的发展进行定位，还要放眼未来，确定学校的长期发展目标，而且发展目标的完成要有计划，按部就班地付出努力。学校在确定长期目标后，应该设立相应的短期及中期目标。短期目标及中期目标的设立能够让学校始终沿着长期目标的方向努力，还能够让学校在近期的品牌定位落实过程中有所依据。

第三，体现了学校共性与学校个性的统一。学校品牌定位需要遵循国家对基础教育提出的统一要求，应符合国家出台的相关规划、纲要及决定文件的规定，比如应详细了解《国务院关于基础教育改革与发展的决定》对基础教育提出的发展要求。学校品牌定位应该以这些共性要求为基础，结合学校自身的发展特点，既符合大众对学校的普遍认知，又能向大众体现学校的独特优势，实现共性和个性之间的统一。

（2）学校品牌定位使用的策略。策略的选择应该根据具体情况具体分析。

第一，首席定位。首席定位指的是学校想成为同类院校中的佼佼者，成为同类学校发展的引领者。举例来说，首席定位的学校可以是整个城市的第一名，也可以是全国的第一名，如现在我国中学中处于领先地位的中国人民大学附属中学，它对自身的定位就是首席定位。首席定位的学校是很多家长及学生非常向往的学校，也会是他们的第一选择。但是首席定位的学校必须具备雄厚的实力基础，如果学校刚刚建成或自身的实力不够雄厚，就不适合使用首席定位策略。学校应该结合自身的师资储备、实力状况，充分地将自身的发展优势挖掘出来，根据自身的优势确定学校的品牌定位。

第二，变革定位。在变革时期，学校可以进行变革定位。当教育领域发生理念变革、管理变革时，学校就可以借助变革机会进行有利于自身发展的品牌定位。在变革过程中积极创新想法、创新途径的学校非常有可能在变革后处于教育的领先地位。

第三，历史定位。每所学校都有建校历史，而且学校的建校历史是独特的，是其他学校无法复制的。建校历史越悠久，学校就具有越宝贵的资源。在长久的发展实践过程中，学校累积了自己的发展经验，形成了独特的办学理念。在办学理念的引导下形成的学校品牌会更有特色，会占据更加有利的学校地位，而且以历史定位为出发点进行学校平台的建设能够体现学校的独特底蕴、文化精神。除此之外，悠久的发展历史是一个学校和其他学校竞争过程中的有利因素，能提高学校竞争力。

第四，特色定位。特色定位指的是一个学校相比于其他学校，某一个方面的建设特别优秀，学校可以根据自己的办学优势确定学校品牌。根据优势进行的学校品牌定位能够让一个学校从众多的学校中脱颖而出，实现快速发展，而学校优势特色的发展也会带动其他方面共同发展，最终实现学校的整体发展。

第五，理念定位。学校品牌的核心是学校的办学理念，独特的办学理念能够吸引众多学生及家长的关注。办学理念代表教育家对教育的思想认知，例如，一提到"厚德载物，自强不息"，就会想到这是清华大学的办学理念；一提到"博学而笃志，切问而近思"，就会想到这是复旦大学的办学理念。这些优秀的办学理念直到现在依旧影响着一代代的学者，其背后的教学思想一直闪耀着教育光辉。学校在践行优秀教学理念的同时也得到了社会公众的认可。

第六，空当定位。空当定位是指学校在品牌定位时可以关注目前还没有被开发但家长和学生特别重视的教育方面。学校在发展过程中会受到师资状况、财力资源、物资设备的限制而无法占据所有的发展优势，如果学校发现了目前没有被开发的家长和学生却特别需要的空当，并以此确立学校的品牌定位，那么学校就可能成为教育领域的后起之秀。

2. 学校品牌的创新方法与手段

基础教育阶段学校的品牌建设并不是一成不变的。在学校的发展过程中，学校所处环境会发生变化，社会对学校的发展需求也会发生变化，因此，学校的品牌定位应不断地优化与完善，基础教育学校应该一直致力于学校品牌的建设。

第一，学校内部环境发生变化。学校校长的更换会导致学校的教育观念、发展观念发生一定变化，会对学校品牌的发展带来一定影响。除此之外，教师的更替纳入也会导致整体的师资队伍结构发生变化，而且教师之间是相互影响的，社会环境也会对教师的价值观念产生一定影响，学校和教师之间需要经历一定的磨合，这样才能让教师认同学校的教育理念，需要进行一段时间的熏陶，才能让教师认可学校的发展精神。此外，学生也在不断成长和变化，而且学生对新鲜事物的接受能力更强，他们的价值发展、知识学习和储备、身体的发展、审美观念的发展等都会受到外界影响，从而使他们想要更好地满足学校品牌的要求。当今时代科技迅速发展，网络也在迅速普及，学校应改善自身的物质条件，在学校的品牌建设中融入现代科技及现代元素。

第二，学校外部环境发生变化。学校处于社会中，社会的发展进步、社会当中人们的思想改变都会对基础教育产生一定影响，人们的思想变化了，对基础教育发展提出的要求也会变化。因此，学校品牌必须根据外界环境的变化而不断地优化与完善。学校品牌的发展应该积极关注外界变化，并做出有效回应，应该结合时代需要不断地创新、探索，要让学校品牌与时俱进，彰显时代精神，如果学校品牌一直安于现状，则很可能会被时代抛弃。

基础教育学校在创新自身的品牌定位时，可以从以下几个方面入手：

首先，同时创新内在质量和外在表现形式步伐。学校品牌的形成依赖于学生，没有了学生，学校品牌就没有了意义，学校就会像无源之水一样逐渐走向干涸。因此，在创建学校品牌时，应该从学生的角度出发，致力提高学生素质、办学质量、水平。中小学阶段的学生愿意接受新鲜事物，有强烈的好奇心，学校应该利用学生的好奇心通过各种活动培养学生的学习兴趣，提高学生的学习素质。但是，目前很多学校在品牌创新时使用的方法大同小异，基本都是组织会议、校长讲话、教师讲话、代表学生讲话的形式，缺乏新意，能吸引到的学生的注意力也相对有限。

其次，设立品牌创新的机构。学校应成立相应的品牌创新机构，主要负责学校品牌的创新工作、管理工作。从大的方面来讲，学校品牌建设和学校的师生是密切相关的，每位师生都应积极参与到品牌创新中。但是，品牌创新活动非常复杂，需要学校组织相应的人员进行统一管理和协调，保证学校品牌的创新能够有组织地运行。学校在设立品牌创新机构时，可以根据人员编制情况采用常设机构形式或非常设机构形式，大多数学校都会选择非常设机构。这种情况下需要注意培养机构成员的相关技能，保障机构成员可以及时关注外在环境变化、内在环境变化、学生需求变化、家长需求变化，并可以针对变进行化深入调查、分析，调整学校品牌，优化学校品牌。

再次，注重制度的建设。学校品牌想要创新发展就需要建立制度的支持，学校制度的创新和改变能够直接提高学校各项工作的效果，制度是品牌创新的前提。除此之外，品牌创新一旦成为制度化的工作，师生参与创新的积极性就会有所提高，会更加自觉地参与品牌创新活动。

最后，加强教育科研的力度，为学校品牌创新的实现增添助力。加强教育科研的力度能够提高学校的教学水平及教学质量，水平和质量的提高是品牌创新开展的基础，而且利用教育科研，学校可以进行有关品牌创新方面的实践，狄得大量的实践经验及实践认知。同时，在实践的过程中，会涌现出大量的教育创意，会让教育工作者对教育的认知更加成熟，教育精神也能变得更加富足，整体的教育境界会更上一层楼。在这样的情况下，学校的品牌也能够完成创新。可以说，学校在教育科研的实践中不仅获得了经验，还对理论有了更深刻的认知，直接促进了学校品牌创新的成功。

（二）以文化建设为保障创建学校品牌

1. 以精神文化为基础确立办学理念

学校在创建自身品牌的过程中，需要始终体现学校的精神文化，要拒绝千篇一律的学校建设。学校建设应该呈现出自身的独特性，将学校本身的特色提升为学校的精神文化，在精神文化的带领下开展各项工作。需要注意的是，精神文化应该有实质内容，体现时代特点、教育特点及学校自身发展需求。

第一，学校的精神文化建设应该体现时代要求。当今时代是知识经济的时代，知识在社会上占有重要地位。与此同时，知识也在快速发展和更新，当今教育非常注重终身教育理念，这就要求在基础教育阶段，学校要注重对学生终身学习意识的培养，让学生具备终身学习的意识和能力，为以后终身学习打好基础。除此之外，知识的学习还非常注重创新与实践，因此，在基础教育阶段应注重学生创新意识、实践意识、创新能力及实践能力的培养。

第二，学校的精神文化建设应体现基础教育的特征。基础教育是所有学生都要经历的教育阶段，这一阶段的教育主要是为了激发学生潜能，全面、系统地培养学生，为学生以后的发展打好基础。学校的办学理念、精神文化于学校对国家教育政策、国家目前发展状况、国家未来发展状况的认知，与此同时，还结合了学校对教学规律、学生发展规律的认知。最终，学校的整体认知水平决定了学校办学理念的水平。

第三，学校的精神文化建设应体现学校本身的发展需求与发展特征。学校的发展过程并不是全盘否定以往观点，而是要抛弃不好的，坚持正确的，并不断地深入挖掘正确的办学理念，提升办学理念，让原有办学理念有全新的发展内涵。学校办学理念的形成来自长期的教学实践，来自学校未来的发展目标以及学校当前的发展状况，从这个角度来分析，不同的学校确定的办学理念应不同，学校各方面的建设会体现出学校自身的发展特点。

2. 以制度文化规范师生行为

学校的制度文化建设应该体现学校的精神文化，无论是学校相关政策的制定、组织机构的设立、教学岗位的要求规范还是学校整体的规章制度建设方面都应体现学校的精神文化，并让精神文化走入全体师生的内心深处，发挥文化的教育作用。

（1）学校制度的优质生成。

学校制度的优质生成涉及的方面主要有：第一，学校品牌行为系统应该是健全的，换句话说就是学校制度应该是完善、优化的；第二，学校品牌行为系统应该体现出科学性、合理性，也就是学校制度的建设应符合教育发展规律及学生的发展规律；第三，学校品牌行为系统不应该存在缺失之处。

（2）学校制度生成的原则。

学校制度要想真正发挥作用，必须得到师生的普遍认可，只有被师生接受才能发挥对师生的管理作用。具体来讲，学校制度优质生成的原则主要涉及以下两方面：

第一，遵循以人为本的原则。制度的存在是为了实现学校的发展目标，是实现发展需要依赖的手段。在基础教育阶段，学校遵循以人为本的原则就是要考虑到教师的发展权利、教师的发展需求及学生的全面个性发展，这里的人主要就是学生和教师，为学生的未来发展打下基础，为教师的未来发展提供支持。学校在制定、执行制度时，必须要考虑教师和学生两个群体的发展特点、心理特点。

第二，遵循开放民主的原则。建设制度时应该遵循开放民主的原则，应该多多借鉴优秀的建设学校制度的经验，应为制度的建设提供意见沟通渠道，让全校师生都可以参与学校制度的建设，只有师生参与到学校制度的建设当中，才能认可制度、承认制度，才能遵守制度，而且师生还可以发挥他们的积极性和创造性，为制度建设提供更多更好的建议。

3. 以物质文化打造视觉系统

校园文化需要通过一定物质文化来体现。如学校名称的字体设计、校徽的图案设计、学校相关图标的颜色设计、学校建筑的整体设计及学校网站的设计等，这些都会体现出学校的精神文化及办学理念。校园物质文化的建设能够让校园中的一草一木、一事一物都发挥育人的功能。学校品牌视觉系统应该是物质文化设计的基础。在进行学校品牌视觉系统设计时，需要遵循以下四个原则：

第一，教育性原则。学校最主要的作用是育人，在基础教育阶段，主要培养能让学生终身受益的学习能力。学校品牌视觉系统设计的落脚点应该是学生的教育，因此，它的出发点应该是学生的发展，应该在设计中体现学校的教育理念。

第二，主体性原则。学校品牌视觉系统的设计必须以学生的身心发展特征为基础，尊重学生的主体性，要确保学生可以理解品牌视觉系统的设计含义，只有这样才能真正发挥视觉系统的作用。

第三，个性化原则。学校品牌视觉系统的设计应该遵循个性化原则，要体现学校的个性发展特点、个性发展目标、个性理念。

第四，标准化原则。学校品牌视觉系统的设计必须遵循一定的标准，要使品牌信息在所有地点、所有传达载体中的表达是一致的。如果社会公众看到的有关学校的信息始终都是标准的，那么社会公众对学校的记忆也会更加深刻。与此同时，学校遵循标准展开设计能够提升学校内部公众的凝聚力。

（三）以形象建设为依托创建学校品牌

1. 学校品牌的传播特征与途径

学校品牌的传播是指学校通过不同的媒介进行的学校品牌形象的传播工作。品牌传播是为了提高学校的声誉、知名度及美誉度。在品牌传播过程中，学校是传播者，学校的品牌形象是传播的内容和信息，传播手段及途径是各种各样的传播媒介，传播的受众是社会公众，传播的目的是提高学校的社会地位、知名度。可以根据传播内容的不同将学校品牌传播分成两种：首先，语言传播，如校训的传播；其次，非语言传播，如学校标识、徽章的传播。根据传播规模的不同，可以将学校品牌传播分为人际、群体、组织及大众等四种传播形式。

学校应该注意传播手段的选择，要进行及时准确的信息传播，以此来收获最好的传播效果，让社会公众更加了解学校、认可学校。学校还要控制社会舆论，加强社会舆论的传播，引起社会公众的情感共鸣，让社会公众认可学校，自觉地宣传学校，扩大学校在社会中的知名度。

（1）学校品牌传播的特征。

随着互联网的快速发展和普及，自媒体越来越受到人们的欢迎，人们的生活当中充斥着各种各样的媒体。学校应利用媒体的媒介作用积极宣传学校品牌，提高学校品牌在社会中的知名度，维护学校品牌形象。可以从以下特征入手进行学校品牌传播：

第一，强调学校品牌传播的教育性特征。基础教育阶段学校注重的是学生德智体美劳的全面发展，要让学生具有人生理想，具有高尚的道德品德，有组织有纪律，成为社会主义合格的新一代青年。基础教育阶段学校的品牌在建设及形成的过程中，应始终遵循国家教育方针的指导。在学校品牌传播时，除了塑造品牌形象外，还应在社会中营造良好的学校品牌氛围。换句话说，学校品牌传播除了要展示本学校的办学特色、办学理念、办学优势以及优秀的教育成果外，还应该注重品牌传播的教育性特征，要引导社会公众正确看待教育的发展，正确认识教育的发展规律，在社会中营造良好的学校品牌氛围。

第二，强调学校品牌具有的文化内涵的传播。在基础教育阶段主要是通过学校组织的方式对青年进行文化传承与教育。学校在教育学生的过程中，除了传授给学生知识、技能与方法，让学生形成正确的道德观念、情感观念之外，还要通过自身的精神文化、办学理念、办学目标来影响学生。也就是说，要通过校园文化的作用和校园文化内涵的传播来促进学生的发展和社会的进步。在基础教育阶段，学校品牌传播的核心就是文化内涵的传播，体现这一特征有助于社会公众对学校品牌产生正面认识。

第三，强调学校品牌传播的序列化特征及统一化特征。这里的系列化特征及统一化特征是指与学校品牌有关的视觉形象、理念及行为等系统应该是统一的、序列化的。与此同时，学校视觉形象方面的设计也要遵循规定的标准，按照规定展开设计，这样才能够保持学校内部形象及学校外部形象的统一协调，才能够保证社会公众从不同方面接收到的信息是统一的，也只有这样社会公众才能持续地受到统一信息的刺激，对学校形成更深刻的印象。例如，学校在设计名称字体、名称图案时，应该体现学校的办学理念，应该让所有的字体颜色图案都相同，只有这样，社会公众才能够对学校产生更深刻的认知，学校的宣传工作才能获得更好的效果。

（2）学校品牌传播的途径。

第一，学校全员都应该具有传播意识，应该利用人际关系展开传播。人际关系传播指的是学校内部的师生之间、学校内部师生和外部的社会公众之间以及外部社会公众之间讨论和交流有关学校的信息。人际传播的方式有很多种，可以是面对面地进行信息交流，如讲座、谈话形式的交流等，还可以借助各种通信工具、传播媒体进行传播，如微信、电话、短信等。六度分隔理论指出最多通过六个人就可以认识任何一个陌生人，学校品牌的传播可以利用这一理论来形成大型的品牌传播网络，加快学校品牌的传播速度。

第二，有针对性地选择大众传播媒介。学校在品牌传播、品牌宣传时，需要根据品牌传播的内容及品牌宣传的目标来选择使用哪种大众传播媒介。随着媒介的多元化发展，大众能够接触到信息的途径越来越多，学校应该将传播内容和媒介特点进行匹配，选择最合适的传播方式。

第三，有效利用媒体的议程设置功能，开展常规性活动的传播。20世纪70年代，美国学者麦克斯威尔·E.麦库姆斯（Maxwell E.McCombs）等人通过实证研究发现，媒体在改变人们"怎样想"方面不太成功，而在告诉人们"想什么"方面却是十分有效的。媒体报道什么，受众就关注什么；媒体重视什么，受众就重视什么。也就是说，"媒体议程"决定"公众议程"，媒体具有议程设置功能。

第四，展开事件营销，进行主题宣传活动。这里的事件营销指的是由社会组织策划，充分利用有一定社会影响力的事件，以吸引社会公众的目光，让事件成为社会热门话题，以此来促进品牌传播的传播方式。学校展开事件营销时要注意研究大众对社会事件的关注点，有针对性地展开事件策划，有针对性地制造社会热点新闻，只有这样才能最大限度地吸引公众的眼光和注意力，才能达到传播学校形象的目的，提高学校在社会中的知名度及社会地位，让学校在社会中有更大的影响力。

2. 学校品牌危机的管理

学校品牌危机的管理是至关重要的，它直接关系到学生的心理健康发展，影响学生家庭的幸福，影响社会的和谐、稳定发展，对于学校自身来讲，也会影响学校的品牌形象。在基础教育阶段，学生对社会没有过多的了解，无法正确判断事情的严重性，对某些危机没有足够的防范意识，而且也没有处理紧急与危机事件的能力和经验。与此同时，学校中人员密集，一旦发生危机事件，将会造成大范围的伤害。因此，基础教育阶段的学校危机管理工作必须要加强力度，为学生的成长营造安全的校园环境，尽最大可能降低危机的发生概率，尽最大可能降低危机造成的不良影响的程度，让学校保持和谐有序发展。

（1）学校危机管理存在的问题。

第一，管理者危机意识薄弱。学校的管理者没有正确认识学校的危机管理，他们认为学校是封闭的环境，比较稳定，不太可能发生危机事件。因此，在危机管理方面常常抱有侥幸心理，在实际的管理当中也没有加强力度，没有进行防范，没有做好充足准备工作，这就导致出现危机事件时，学校往往处于混乱状态。

第二，危机管理机构建设不完善，对危机的干预预案不健全。大多数学校危机管理机构都是非常设机构，成员大多是学校领导以及学校其他部门的主要负责人，也没有成立专门的危机管理办公室，对危机管理机构的设置不重视，也不进行有关知识培训，平时也没有相关的危机管理预案，很多成员不明确自己的职责责任，根本没有形成危机处理方面的职业素养。

第三，学校处理危机的能力比较薄弱。学校管理者在处理危机事件时，无法明确危机事件的性质，无法采取针对性的补救措施，无法下达正确决策，导致学校处于混乱状态。同时，对学校师生的危机培训也有所缺失，师生无法正确地面对危机处理危机，无法在危机中互相帮助。

第四，危机信息的沟通渠道不顺畅。谣言传播公式为：谣言的传播强度=事件的重要程度×事件的模糊性。根据该公式可以得出一个结论，如果事件的重要程度非常高，人们对事件又不了解，那么将会非常容易造成谣言传播。如果想要从根源上减少谣言的传播，那么应该在最短的时间内让公众知晓事件的有关信息以及事件的处理方法。但是，部分学校在处理危机事件时，没有和媒体及时沟通，导致媒体不了解学校的处理方法，无法和学校形成信任关系，学校也无法和公众进行有效沟通。

（2）学校危机管理的基本框架。

通常情况下，学校危机会经历三个发展过程：开始危机会处于潜伏状态，然后危机会爆发，最后会逐渐平复。学校的危机管理也可以针对危机的发展过程建立相应的危机处理机制。

第一，危机预防机制。对于学校来讲，危机管理的最好方法是在危机发生之前进行预防，把危机消除在萌芽状态。危机预防机制能够实现学校和谐稳定发展的有备无患，因此，学校危机管理的最好的方法以及最应该做的就是先建立预防机制。

首先，建立专门的危机管理机构。学校最好设置危机管理常设机构，负责日常危机的处理，制定危机预防方案，并时刻关注校园内发生的危机事件，分析危机事件出现的原因，及时解决危机管理中存在的问题。与此同时，学校应对全体师生进行危机教育，普及相关知识，组织相关的模拟演练活动。

其次，制定应对危机的有效预防方案。制定应对危机的预防方案能够让学校的危机管理逐步走向规范化。危机预案中应该涉及危机预案的制定目的与原则、危机预案的负责人、预案的适用危机情况，应该将学校可能出现的危机事件罗列出来，并给出详尽的处理程序和步骤，同时提出处理危机事件的相关措施及事后对危机事件中存在的问题的解决办法，以及对事件中表现优秀者和责任缺失者的奖惩制度等。

最后，增加安全教育活动的开展力度。时常进行安全教育演练能够让师生更加成熟、冷静地处理危机事件，能够让师生形成危机处理的意识，进而提高处理危机事件的相关能力。危机教育相关活动可以是讲座，可以是演讲，也可以是小组讨论或板报宣传。除此之外，也可以经常组织实践模拟演练，实践训练能够极大提高师生的危机处理能力，让他们掌握在危险中自救及救助他人的相关知识，提高他们对危机事件的敏感程度，加强他们在危机中的自我保护意识。

第二，危机应对机制。如果学校遇到了危机，那么应该及时采取应对措施，首先应该做的是启动学校事先制定好的危机应对预案，然后由相关负责人员负责处理危机，并时刻和媒体保持沟通。

学校中的事没有一件是小事，所有的事情都应被重视，学校一旦发生危机事件，那么师生家长及社会公众都会非常关注，想要了解危机事件的具体经过。这时，学校应该和媒体保持联系，客观地向媒体叙述事件起因、经过及采取的处理措施。学校也可以利用自己的官方媒体做出回应，为公众及媒体提供了解事件真相的途径，积极营造危机事件处理的良好舆论环境。学校也可以明确危机事件的发言人，所有信息都由发言人负责发布，避免信息混乱传播。

第三，危机恢复机制。如果学校采取了适当的危机处理方法，那么学校品牌形象受到的负面影响就会相对较小，但是如果学校使用的处理方法不当，那么学校的品牌形象可能就会受到较多不良影响。正确的处理措施除了能降低负面影响外，还有可能为学校带来新的发展机遇。具体来讲，在危机事件结束后，学校应该从以下几个方面开展恢复工作：

一是尽最大可能快速地让学校回归正常的教学秩序。对于学校来讲，最主要的责任就是教书育人，所以首先就要尽快恢复正常的教学秩序，只有这样人心才能逐渐平稳，才能尽快消除危机事件带来的不良影响。而且重新回归到正常的教学生活能够在最大程度上让人们摆脱危机事件带来的痛苦。需要注意的是，恢复正常教学秩序的前提是要保证学校的环境是安全的，师生的安全能够得到保障。

二是调查危机产生的原因。学校不仅要展开自我调查，还要配合有关部门的调查，尽可能明确危机事件的性质，找出危机事件产生的原因，并判断学校的处理措施是否正确、得当。

三是召开危机事件的总结大会。在总结大会中应该揭示危机事件的原因、经过及处理结果，加强全体师生的危机预防意识，吸取危机事件的教训，并表彰危机事件中表现积极的师生。

四是改进危机事件处理中的不足之处。学校应该根据危机事件的调查结果，有针对性地改善危机处理中的不足，同时修订危机预防方案，完善、优化危机管理体系。

五是建立危机评估机制。目前学校普遍没有形成完善的危机评估机制，应该针对这一薄弱部分加强建设。

参考文献

［1］安肇文.对加强校园文化建设促进学校特色发展的思考［J］.文学教育
（下），2020（1）：185.

［2］陈斌，季颖红，张颖.校本课程开发与特色学校文化建设研究［J］.创新
创业理论研究与实践，2020，3（1）：90-91.

［3］陈水英.校长课程领导力与教学有效性的相关性研究［D］.上海：华东师
范大学，2010.

［4］单华杰.以校园文化建设为载体，创建特色学校［J］.牡丹江教育学院学
报，2015（11）：76，86.

［5］邓大龙，洪劬颉.中小学校长课程领导力研究述评［J］.江苏教育研究，
2015（Z4）：58-62.

［6］刁新峥.家校合作助推学校发展［J］.辽宁教育，2018（4）：82-84.

［7］丁小虎.培养学生创新能力　创科技特色学校［J］.亚太教育，2016
（27）：197.

［8］董辉.对中小学特色学校及其课程建设的观察与思考［J］.全球教育展
望，2014，43（6）：11-25.

［9］范涌峰，宋乃庆.学校特色发展：内涵、价值及观测要点［J］.教育研究
与实验，2017（2）：44-48.

［10］范涌峰，宋乃庆.学校特色发展测评模型构建研究［J］.华东师范大学学
报（教育科学版），2018，36（2）：68-78，155-156.

［11］范涌峰.校本课程与特色学校关系的断裂与重构［J］.中国教育学刊，
2018（5）：63-67.

［12］郭乐静.基于特色学校建设的校本课程开发［J］.教育理论与实践，2018，38（35）：41–42.

［13］郝琦蕾，常梦.学校特色发展研究的回顾与反思［J］.教育与教学研究，2020，34（5）：108–116.

［14］郝琦蕾，魏冬.学校特色发展研究述评［J］.当代教育与文化，2020，12（3）：21–27.

［15］何暄，苗霁阳.中小学校长课程领导力提升策略探索［J］.北京教育（普教版），2013（2）：28–29.

［16］何延坡，牛聚豪，侯国辉.教育科研让学校特色绽放异彩［J］.考试周刊，2019（29）：19.

［17］胡方，龚春燕.特色学校建设：学校文化的选择与建构［J］.中国教育学刊，2008（4）：22–25.

［18］胡方.以特色教育科研推进特色学校建设［J］.人民教育，2008（9）：61–63.

［19］胡娟.学校特色文化创建与校本课程开发整合发展的个案研究［D］.南昌：江西师范大学，2012.

［20］金东海，蔺海沣.我国中小学家校合作困境与对策探讨［J］.教学与管理，2012（34）：7–10.

［21］景云.新时代家校合作存在的问题及对策探析［J］.思想政治课研究，2019（4）：16–20.

［22］孔德生，胡在珊，于钦明.特色学校应重视校园文化建设［J］.中国教育学刊，2017（4）：103.

［23］李汉学.我国家校合作研究的回顾、反思与展望［J］.内蒙古师范大学学报（教育科学版），2020，33（2）：1–7.

［24］李淑春，邓成林.特色学校建设路径的实践探索［J］.中国教育学刊，2011（9）：42–44.

［25］李松林.学校特色发展实践的基本思路［J］.教育科学研究，2010（1）：39–42.

［26］李醒东.对特色学校建设实践的审视［J］.教育发展研究，2009（18）：74-76.

［27］刘丽萍.构建学校文化　引领学校特色发展［J］.吉林省教育学院学报，2019，35（2）：126-129.

［28］刘艳红.以特色教育推动学校品牌建设［J］.广东教育（综合版），2009（6）：21.

［29］刘志宏，杜桂兰.校园文化建设：特色学校建设的本质与核心［J］.教育理论与实践，2012，32（5）：19-21.

［30］吕星宇.如何创建特色学校——特色学校创建文献综述［J］.教育科学研究，2017（2）：61-65.

［31］马伟中.提升中、小学校长课程领导力的调查与思考［J］.江苏教育研究，2011（6）：39-41.

［32］马颖英.试论特色学校建设中要处理好的三个基本关系［J］.教育科学，2015，31（6）：19-22.

［33］朴红华.特色学校文化建设的实践探索［J］.现代教育科学，2019（8）：51-54.

［34］漆新贵，蔡宗模.特色学校建设：内在生成的理念［J］.中国教育学刊，2010（2）：22-25.

［35］秦方红.科技教育特色学校的文化建设策略研究［J］.基础教育课程，2018（11）：28-32.

［36］秦玉友.特色学校：内涵、定位与基限［J］.教育理论与实践，2014，34（19）：29-33.

［37］任顺元.学校特色与特色学校建设［M］.杭州：浙江大学出版社，2010.

［38］宋定飞.科技教育校本课程助力学校特色发展［J］.福建教育，2020（37）：24-25.

［39］孙远航.学校发展规划与特色发展［M］.北京：高等教育出版社，2017.

［40］汪敏.家校合作的主体边界与实践范式［J］.教育科学研究，2018（12）：66-72.

［41］王洪兵.青少年科技创新能力培养［M］.成都：电子科技大学出版社，
　　　2015.

［42］王帅.学校特色发展：误区、追因与路径［J］.基础教育课程，2020
　　　（18）：27-34.

［43］王伟，李松林.学校特色发展：实践模式与现实途径［J］.中小学管理，
　　　2009（9）：36-38.

［44］王伟，李松林.学校特色发展的主要途径［J］.教育导刊，2009（8）：
　　　4-7.

［45］王伟.学校特色发展：内涵、条件、问题与途径［J］.中国教育学刊，
　　　2009（6）：31-34.

［46］王伟.学校特色发展的前提与问题［J］.当代教育科学，2010（6）：
　　　50-53.

［47］魏同玉，潘晓芳.中小学家校合作的价值误区与对策［J］.教学与管理，
　　　2016（31）：23-25.

［48］吴莉.以特色校本课程开发促进学校特色发展［J］.广西教育，2019
　　　（5）：10-11.

［49］吴重涵，王梅雾，张俊.家校合作：理论、经验与行动［M］.南昌：江
　　　西教育出版社，2013.

［50］武秀霞.制度创新与学校特色发展［J］.教育学术月刊，2018（7）：
　　　63-69.

［51］夏心军.校长课程领导力：学校特色发展的应然选择［J］.教育理论与实
　　　践，2012，32（5）：15-18.

［52］熊德雅，向帮华，贾毅.特色学校发展的要素关系及策略思维［J］.教育
　　　科学研究，2012（11）：38-43.

［53］徐跃元.创建特色学校是校园文化建设的根本［J］.当代教育论坛（管理
　　　研究），2010（32）：42-43.

［54］杨桐.家校合作现代化的优化路径探索［J］.教育观察，2020，9
　　　（47）：75-77.

［55］杨晓，李松涛.基于共生理念的家校合作改革构想［J］.教育科学，
2013，29（5）：14-18.

［56］杨元荭.校本课程开发促进学校特色发展的个案研究［D］.重庆：西南
大学，2019.

［57］叶波.校本课程开发形成特色学校何以可能［J］.中国教育学刊，2011
（5）：91-92.

［58］张朝霞.中小学校长课程领导力的研究［D］.吉林：东北师范大学，
2019.

［59］张国洁.校本课程开发如何促进学校特色发展［J］.科学中国人，2016
（5）：328.

［60］张胜楠.新时代中小学校长课程领导力提升策略研究［J］.科教导刊（下
旬），2020（12）：13-14.

［61］张熙.为学校特色发展找一条合适的路径［J］.人民教育，2014（9）：
8-12.

［62］郑志生，邬志辉.学校特色发展中的教师文化认同问题及解决［J］.教育
科学研究，2017（2）：72-76.

［63］郑志生.区域推进学校特色发展的行动研究［D］.吉林：东北师范
大学，2018.

［64］周丽，刘学顶.基于学校特色发展的校本课程体系建构的研究［J］.教育
现代化，2018，5（47）：393-394.

［65］邹尚智.特色学校创建与校长个性发展［M］.北京：北京时代华文书
局，2017.

［66］邹尚智.校本课程开发与管理［M］.天津：天津教育出版社，2018.

编后语

　　学校特色发展是我国深化教育改革、推进素质教育的历史必然，是我国基础教育由普及到质的跨越的现代转变，也是学校自身生存和发展所必须面对的根本问题，更是衡量一所学校办学水平和人才培养质量的重要标志。然而，当前学校特色发展还存在流于形式和盲目定位、同质化状况严重、提升学校核心竞争力的目标不明确等问题。因此，这就需要我们对学校特色发展进行深入思考和不断探索。只有在尊重基础教育规律的基础上，抓住育人为本的本质与核心，才能真正走出发展的误区。